陳福成著

文學叢刊

暇豫翻翻《揚子江》詩刊

——蟾蜍山麓讀詩瑣記

文史哲出版社印行

國家圖書館出版品預行編目資料

暇豫翻翻《揚子江》詩刊：蟾蜍山麓讀詩瑣記
/ 陳福成著. -- 初版. -- 臺北市：文史哲,
民 102.01
頁： 公分.（文學叢刊；388）
ISBN 978-986-314-402-1 (平裝)
1.新詩 2.詩話

821.886 107002590

文 學 叢 刊 388

暇豫翻翻《揚子江》詩刊
蟾蜍山麓讀詩瑣記

著 者：陳 福 成
出 版 者：文 史 哲 出 版 社
http://www.lapen.com.tw
登記證字號：行政院新聞局版臺業字五三三七號
發 行 人：彭 正 雄
發 行 所：文 史 哲 出 版 社
印 刷 者：文 史 哲 出 版 社
臺北市羅斯福路一段七十二巷四號
郵政劃撥帳號：一六一八〇一七五
電話886-2-23511028 · 傳真886-2-23965656
實價新臺幣三二〇元
二〇一八年（民一〇七）二月初版

ISBN 978-986-314-402-1 09388

序 關於一段因緣

多年前，至少是七年前了
不記得是什麼樣的因緣風
自神州大地吹進我的心海裡
認識一個詩人
也不能說認識，根本沒見過人家一面
他叫卓琦培
江蘇省作家協會會員
《揚子江》詩刊編輯
我們通過幾封信、互贈過自己的作品
此後我常收到《揚子江》詩刊

暇豫時，我總也喜歡翻翻、寫寫
寫作，只是證明我存在的方式
是我走過人生旅途的腳印
這輩子曾到地球的證據
我寫故我在
在這斷斷續續的一段因緣裡
留下一塊比東坡肉更小的歷史
確是最芳香的人間情緣

台北公館蟾蜍山萬盛草堂主人
陳福成 誌於二〇一七年冬

暇豫翻翻《揚子江》詩刊
——蟾蜍山麓讀詩瑣記

目次

第一章 初讀《揚子江》詩刊

因為江蘇省作家協會《揚子江》詩刊編輯部詩人卓琦培的關係，我有機會得到《揚子江》詩刊這本好雜誌。在台灣這種烏煙瘴厲的政治氣氛下，那些中華民族的敗家子天天搞「去中國」，像我這種「大中國主義」者，天天期待著兩岸快快完成統一的人，確實心情不好。但躲進《揚子江》風光裡心情會好些，因為我這代人，從小一路成長，都在唱著長江、黃河的歌……

〈龍的傳人〉（侯德建詞曲：遙遠的東方有一條江，它的名字叫就叫長江；遙遠的東方有一條河，就叫黃河。雖不曾看見長江美，夢裡常神遊長江水；雖不曾聽見黃河壯……

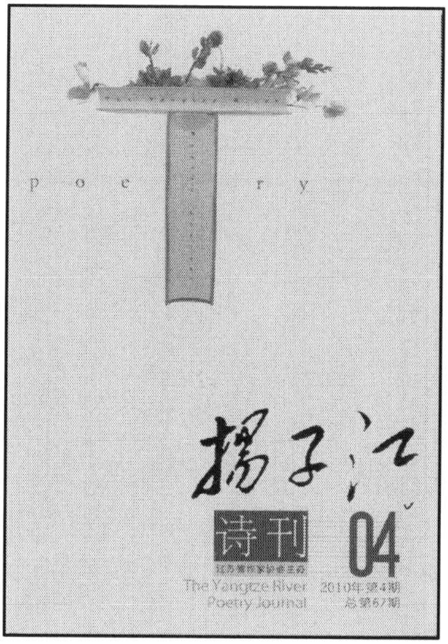

還有〈松花江上〉、〈中國一定強〉、〈中華民族頌〉、〈我是中國人〉……許多讚嘆祖國大地、激勵人心的歌，我從小唱到大。現在沒人「敢」唱了，可見「政治洗腦」多可怕！

現在有了「揚子江港」，多少可解悶、解愁。雖然「台灣問題」問題多，但像我這種「沒問題」而有愁悶的中國人，還是很多很多的。畢竟，血緣上就是炎黃子孫中國人，要用「政治洗腦」手段，把人弄成「非中國人」，只對腦袋不清的白痴有用，很多人還是很清醒的。打開手上這本《揚子江》詩刊二〇一〇年第四期、總第六十七期（二〇一〇年七月五日出版），特稿姜樺的詩〈從黃海到青海──寫給在玉樹地震中罹難的同胞〉，我又聽到長江和黃河的濤聲：

為了追尋長江和黃河的源頭
我曾從故鄉的黃海一直奔向遙遠的青海
……
從四面八方趕來的救援隊
在海拔四千米的高原上結集

大地之上，站立著十三億人
祖國，就是一片充滿愛的大海
……
從平原到高原，從河流到山巔
從我的蒼莽黃海到你的悠悠青海
三江源，用你洶湧的波濤
展開一面面闊大的旗幟——
祖國、民族、生命，尊嚴和愛
大愛玉樹，玉樹不倒，扎西得勒
大愛青海，青海長青，青山長在！

二〇一〇年四月十四日，玉樹地震，台灣媒體很少提到，玉樹在哪更是無人知道。查閱地圖，全名是「玉樹藏族自治州」，面積可能不小。這首詩彰顯中國領土之廣大壯麗，但「一方有難、八方救援」的民族情感。我很深刻的是，二〇〇八年四川大地震，各省展現的動員救援，力量和速度都讓全世界「看傻了眼」，這年的北京奧運還照常成功順利辦完。中國的崛起、民族之復興，從這年開始「大躍進」，學術界定調中國人的民族自信心，從這年也回來了！

翻開這本詩刊，主編王臻中、執行主編徐明德等組成人員都陌生，本期發稿有卓琦培，勉強算「認識」。但不知道「發稿」功能何在？照理說，詩刊所有稿件的使用決定權，就在兩個主編手上，或許大陸雜誌相關制度有不一樣的作法。

〈大江東去〉輯張敏華〈在同里〉（組詩），每一首都有「同里」，大陸這簡體字讀起來還是不習慣。裡、理、里都是里，如〈遷徙〉「一個同里人」、〈羅星洲〉「應該是同里湖／壽比南山，這里的南山」、〈布衣〉「同里的夜色，披在身上」、〈聽雨〉「對同里的感情、同里聽雨」、〈南園茶社〉「到同里，去南園茶社」、〈當我老了〉「當我老了，就去同里」。同里為何？一個地方，有南園茶社，陳去病、柳亞子住過？可能有些故事！

三天沒翻開《揚子江》了，它直直躺在書桌上。我在想，我可能是全台灣唯一獲贈這本雜誌的人，馬英九雖盡力搞好「三通」，實際上有很多依然不通，就算全通了，機會、因緣不一定有。

此刻，又躲入「揚子江港」，〈中流擊水〉欄裡都是組詩。江一郎、章德益、丁可、沙克、趙貴辰、龍郁，大陸詩人和台灣詩人，書寫內容有明顯不同，大陸詩人有較多的文化意涵，對神州大地用情較深。如姜樺〈從黃海到青海〉、張敏華〈在同里〉、冬青〈海之韵〉、章德益〈有一首唐詩〉。而沙克的〈蘇北家譜〉更是，全是蘇北歷史文化典故，泗洲「出土」、四大名旦、淮陰侯等。龍郁〈端午，就這樣過〉有反思的深意，「這一天每個人都是愛國的」，像禪師棒喝，質問現在的所有中國人，你只有一天愛國嗎？

從詩學上看這些現象，應該也是正常。司空圖二十四詩品的「自然品」，講到詩要自然「俯拾即是、不取諸鄰」，中國大地上的古今一切，對大陸詩人而言本是俯拾即是的身邊題材。但對台灣詩人而言，是很有距離了，這個距離來自滿清中葉後，中國衰弱到把台灣割讓給倭國，種下兩岸百年來的阻隔，至今國家仍難以統一，很多台灣人（含詩人）有濃厚的漢奸思想，他們寫出來的詩已全部沒了「中國味」，卻有「東洋味」或西洋味。這是中華民族的劫難，就留給歷史去處理吧！

常聽人說文學無國界，但別忘了，古今中外凡是偉大的文學作品，西方《奧德塞》、我國《詩經》、《離騷》……到今之諾貝爾文學獎得獎作品，無不植根於作者的本民族、本文化；凡是一味輕視自己，否定自己，以為酷炫的頌揚他族他國，是偉大不起來的。所謂「文學無國界」，有時是包層糖的毒藥。

〈濤聲依舊〉欄是傳統詩詞。我曾聽一位詩壇大老說，現代詩（新詩）在中國出現未滿百年，與四千年中國文學史相較，根本還算「實驗期」，能否成為「中國文學史」之一部份？還有很長的路。這樣說，似乎現在大家寫的「新詩」，還不是中國文學！我持存疑態度。遼寧省綏中縣「鄉土詩人」金土（原名張云圻），他到很多書店買不到現代詩的書，只有傳統詩詞，原因是廣大讀者只讀傳統詩詞，不讀現代詩，台灣似乎也差不多。其實，我的習慣也喜歡讀傳統詩詞，賞讀一首蕭宜美的〈普陀月夜〉：

綠叢遍灑不眠燈，靜坐金沙面海風。
皓月雖懸三萬里，朦朧依舊看潮聲。

好奇這首詩，因為和蘇軾的〈觀潮〉好像同個地方，普陀應該就是普陀山，觀世音菩薩道場。我雖從未去過浙江，但千古知名的浙江潮眾所皆知，可能浙江沿海到處有所謂的「浙江潮」，普陀山也有，所以蕭宜美「皓月雖懸三萬里，朦朧依舊看潮聲」。何謂「不眠燈」？隨人詮釋，永恆不滅的燈（光明）吧！不就是觀世音、佛法！有趣的是「看潮聲」和「觀世音」有對應，看對觀，潮對世都是視覺，聲對音都是聽覺。但到佛的境界，早已全都無分別心了！

耿林莽〈一詩一世界〉，引佛法「一花一世界、一葉一如來」之華嚴宗觀點，「一真法界」，是個「一即一切、一切即一」的圓融無礙法界。但耿林莽所述應與佛法無關，因為詩本來如是，一詩一世界，一詩人即一世界，任何詩人，或造境或寫境一詩，都是宇宙間的唯一，只要他是「真正的詩人」。

耿林莽對「真正的詩人」這麼界定，「不需要聽從誰的指揮，更不肯根據什麼『指令』或長官意志去寫作，也勿需皈依時髦的創作方法或流派的任何『主義』去寫作，詩人的良知和社會責任感，個人長期的生活體驗與感知的積累，美學天賦，語言才華……」我也覺得當然如是，中國傳統詩學的「詩言志」、「詩緣情」，就是「真正詩人」的美學觀。這些說來話長。

于沙〈形像思維斷想〉一文，對喜歡詩創作的人很有幫助。任何一位詩人（甚至包含藝術創作者），無不為捕捉意象，建構意境而努力，假如「意象」是一塊塊磚或建材，意境就是完成的建築（如房子）。但意境靠形象而生，透過形象給人看給人欣賞，給人有「感覺」，這裡面的學問可能要讓詩人磨一輩子，還磨不出自己滿意的作品，這位叫于沙的不知道磨多久了！

〈共飲一江水〉輯裡一些很有創意、引人思考的詩。如東方浩的〈魚〉，讓人看了就不太想吃魚了，有暗示人類要全素才對，因為「殺」任何動物都是不對的，我們不能口說「眾生平等」又要「殺生」。賞讀整首詩。

除了被網網住時
除了全身的鱗片被一片片刮下時
除了肚子被剖開、腸子被拉出、腮被挖去時
除了在滾熱的油鍋中最後兩下的反抗和拌動

一條魚　它不再掙扎了

它現在被油炸得金黃被酒燒得噴香
披紅掛綠　它隆重地躺在一只白瓷盤中
——它真的不再掙扎　一動不動

它只是大睜著眼睛
它那麼用力　使得眼珠子也向外突出
我不敢和它對峙
我伸出筷子　挾走它的眼珠子

第一段是人類殺魚的過程，血淋淋的殘忍行為，很有批判力。第二段魚殺好了，也料理好了，但它就像一個人「躺在」棺材裡，一動不動。透過形象暗示，死了一條魚和死一個人，其實是一樣的，眾生平等。末段突顯魚之恨和人的罪惡感，人因感到不安才不敢和魚眼對看，挾走它的眼珠子，以為魚就看不到吃它的人，食者才吃的安心。這是反諷，更突顯人的不安和罪惡感。

李朝潤〈東部之光〉，詩頌吾國東部繁榮發展，「你繽紛藍天的星斗／亮麗一道道凌波起舞的彩虹／使它成為騰飛的鮮明標記」，祖國的繁榮強大是我的榮耀和安全感。孫曉杰的〈腎〉，「它愛我們但我們把最壞的東西／給了它//「你們是有毒的」／它天生帶有上帝的口吻……」，原來我們人類是「有毒」生物，難怪地球也得了重病，有人之處，環境全受毒害。這詩真有創意。孫曉杰另一首〈睡佛〉，有趣更有啟示作用。

佛累了

讓我們對慈悲為懷的佛
也慈悲為懷吧

蜂和蝶的事交給花朵吧
魚和蟹的事交給河流吧
雨和露珠的事交給草葉和泥土吧
星的事交給天空吧
雲的事交給風吧
人間的事交給我和你和他吧

佛真的累了！
難道：醒即是夢，夢即是醒？
噓！讓我聽聽
佛的鼾聲……

這裡的佛大約是眾神的代表，佛（神）累了，這是警示，神佛為什麼會累？原因是人不懂「慈悲為懷」，不負責任，大家碰到任何事或想發財，就都去「問神」，眾神累壞了。中間段暗示世界上所有事都有該負責的對象，蜂和蝶的事交給花朵去負責……人間事人要自己負責，不要推給神佛負責。最後「佛真的累了」，就是人們都太不負責了！詩意很有啟示性。

陸華軍的〈史可法紀念館的梅〉，「那些冷／像是梅花跑到外面的骨頭／撐起一個民族的脊梁」，讀起來也甚為感慨！人間的正義都靠「犧牲者」撐起來，如文天祥、岳飛、史可法、鄭成功……，乃至更壯烈史詩，如吾國《八百壯士》、西方古代《三百壯士》。

方文竹的散文詩〈農民工姚五〉，讀起來很驚恐，也很無奈。「鄉村被灌進了城市：

山林裡的蛇變成了龍，村姑變成了三陪小姐，男人變成了工地上的牛馬……」「城市巨大的巨大的胃，在吞吐，在攪拌，在翻卷，在消化，在加工，在製造……」色欲、金錢、快感……

要開發、要繁榮、要強大，就得付出代價，一利一弊，走遍全球都是。世界上最繁榮的地方，巴黎、紐約、上海、倫敦……同時也是罪惡「很繁榮」的地方。我理解，依然驚恐，無奈，警惕自己，守住自己！三千大世界中要找個沒有罪惡的地方，就是「西方極樂世界」了。

我雖不是天主基督徒，但《聖經》有則故事我常在演講說給人聽。有一天耶蘇走到一個村莊，見一群人手中高舉石頭喊著要打死一個女人，耶蘇上前問明原因，原來是這女人有了外遇（通姦），眾人問該不該打死她？耶蘇答「應該！」片刻又說：「不過，打死她之前，你們每個人也要自問這輩子至今是否犯過錯？若有你便不夠資格說要打死她！」眾人想一想，一個個放下手中的石頭。

這只是一個故事，給人啟示，耶蘇的意思是所有活著的人都會犯錯，差別只是大錯小錯，如孟子說的五十步百步之差。方文竹的〈第三者〉、〈捧〉、〈你怎麼也拔不掉〉，多少也是在探索人性中的罪惡面。人生，是一場修行與掙扎，乃至與所有罪惡對抗的過程，不存在百分百的成功或圓滿。不管你做什麼？搞什麼？活的自在就好，自在才有自我、才會快樂。

〈揚帆遠航〉輯各家詩都不錯，朱愛東〈大海邊的愛情廣場〉比喻的極傳神，大海雖深仍有底，愛情則深不可測；大海廣闊，愛情無邊；惟大海和愛情都有豐富的想像世界。因此，愛情乃珍貴而稀有之物，通常只能短暫擁有已是有緣，能持久幾年已是天大福氣，要一輩子擁有，我打賭地球上找不到十對。正常情況下，人只要結了婚，就立即葬送了愛情。所以〈大海邊的愛情廣場〉，只能當神話般的想像，所謂「有夢最美」，做做夢就好了！

徐必常的〈媽媽〉最能與眾多讀者引起共鳴，原因是我們都有媽媽，但重點是詩人年紀普遍較大，通常人過半百，父母大多不在或很老。人對眼前仍存在的（人、物），總是不會珍惜，青春在揮霍青春，健康在揮霍健康，銀子在揮霍銀子，父母在揮霍父母……等到青春健康銀子父母不在了，我們開始懷念、反省，這是人類這物種的通病，所有人的「共相」。賞讀〈媽媽〉。

今夜我又一次想起媽媽

四十多歲的男人了，兒子已經高齊眼睛
但我還是想呵，媽媽
自從您狠心離開人世
我每次想您時，比您的狠心還狠
媽媽，我兒子在長大，但我卻老長不大
我無數次想起您的懷抱
想起蜜一般日子裡的我
媽媽，其實我的心並不大
我只想有您，媽媽
媽媽，我現在才發覺
這四十多年來，我努力追求的幸福
疊加起來還比不上您的一聲喊
媽媽呵，我也是千遍萬遍地喊您
但我的聲音空洞，有骨無肉
不像您掏心挖肺那麼親切

面對兒子的頑皮、無賴
媽媽，養兒方知父母恩
媽媽呵，但我的愛仍舊渺小
我想再一次回到您的懷抱
從頭來學愛的博大

三十年前，蔣經國先生臨終前同意了老兵回大陸探親，兩岸同胞再次有了擁抱的機會。許多老兵，單身的、當祖父母的，回到大陸故鄉跪在父母墳前「哭墳」啊！這是誰造成的災難?!

離鄉時還是年輕小伙，回來已是老人家，父母死了都不知道，人間悲慘有比這更慘嗎?時代潮流如大海，人只是海裡一滴水!無奈!

當然，不管誰，活到多大年紀!都是懷念父母的，這是人的共相。〈媽媽〉一詩也很有張力，把自己和兒子比較產生相對落差，「我兒子在長大，但我卻老長不大」，加大了想念的深度；又如「我的聲音空洞，有骨無肉／不像您掏心挖肺那麼親切」，突顯了母愛的偉大。

第二章　零星綴記　二〇一一年總第72期

1、**高咏志〈逆時針〉**：〈父親草〉是天人合一了，而〈烏鴉〉算是還了烏鴉清白，在六朝樂府中《教坊記》裡，烏夜啼乃吉祥之兆。現代人說「天下烏鴉一般黑」也不合科學，烏鴉亦有白族，難不成人類智商不如烏鴉。〈那年夏天〉，走了，我們才懷念。

2、**寧明〈一粒乾淨的灰塵〉**：我觀一粒塵如宇宙大，地是一粒塵，太陽也是一粒小灰塵，大家都不乾不淨，不增不減，不生不滅，不老不死。但我相信，它「**會把我當做一粒灰塵／突然間橫掃下來**」，把一切存在的全掃掉，不留一灰塵。

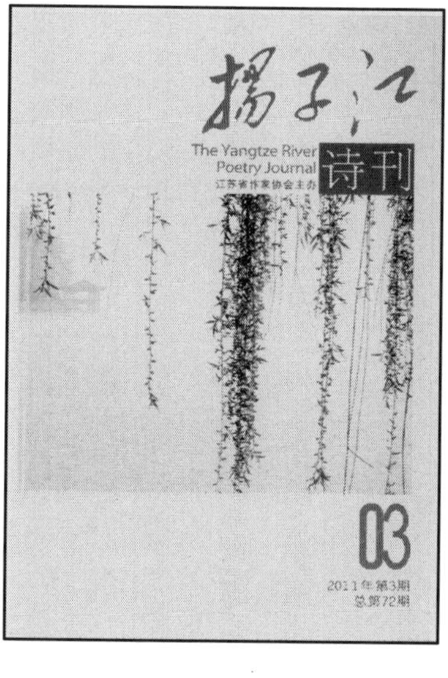

3、**瘦西鴻〈在流水線上生存〉**：AI已然

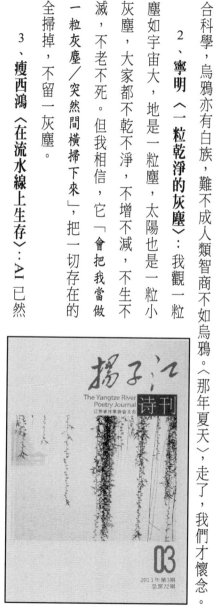

崛起，〈零件〉裡「這一堆工業的器官／被堆在廠區廢棄的一角／如城郊結合部 暗夜中偷偷聚集／擠在一處的親戚」，就快解放了。連〈鈕扣心〉、〈停電〉、〈玩具鴨〉也解放了，任何時候都可以〈打盹〉！

4、**陳倉〈紅土地〉**：〈觀寶山鋼鐵〉一詩最末的三句，「我們不敢想像我們的民族、鑰匙和目光／哪怕就是一把不起眼的馬燈／靠什麼支撐」？廣大的人民群眾團結起來撐著！

在〈路過宋慶齡陵園〉一詩，靠她的夫君一塊「天下為公」牌匾撐著，如果政治人物都有天下為公的情操！「中國夢」很快可以實現。

在〈逛魯迅公園〉一詩，「其實他一直沒有改行／成為穿越時空的醫生」，這就和筆者有了接軌。（註一）宋慶齡和魯迅，當然魯迅最能撐起中華民族的精神情操，很多中國人的靈魂現在還得請魯迅醫治。他的偉大可簡要歸納為四點：㈠魯迅是全民族的魯迅；㈡魯迅是一個空前的、偉大的啟蒙思想家，他的根本的歷史功勛是在中國發現了一個「人」字；㈢魯迅一生最根本的目的，是在改造中國的「國民性」；㈣魯迅是永遠的「中國民族魂」。（註二）因此，賞讀整首〈逛魯迅公園〉一詩。

其實他一直沒有改行
成為穿越時空的醫生
他把手術刀藏在文字裡
等著我們這些喜歡翻書的病人

我們的病症就是愛
愛國家愛人民，更愛說話
在我們還沒有痛的時候
他靈光一閃，就把手術刀
伸入我們的靈魂
割掉的不是毒瘤
而是麻木與冰冷

饅頭二兩，人血幾滴
這是他給不停咳嗽的華氏
（中華的華，華夏的華）

開出的藥方
對我們也十分有效
不過這藥的引子
必是清早的陽光

他在每一個文字裡
都插入了一根舌頭，像孺子牛一樣
用火苗舔著一個民族
大地開始燃燒
一直燒到我們的喉嚨
我們，不能再沉默了
吶喊是我們最初的聲音

如今，他有時候是一塊銅
有時候是一棵樹
有時候是一條路

但不管如何他都是一個
像風一樣不散的醫生
我們的子子孫孫，永遠是
一個渴望返青的病人

魯迅早年留學倭國，專習醫科，當醫生為人治病是他的基本信念。有一回倭國老師放教學用小電影，主題場景內容是倭人老師宣揚國威的「倭俄戰爭」，兩國戰爭竟在吾國東北大地上開打。倭人軍隊殺戮被沙俄軍隊拉去當軍伕的中國人。（同樣，倭軍也強拉中國百姓做苦役，若被俄軍捉去也死刑。）倭軍把捉來的中國百姓，一律全部當眾斬首示眾。

被當眾斬首的中國人，四週圍一群看客也是中國人，可是一個個都麻木地看著、等著，等著、看著，沒有表情，麻木的，看著倭軍斬首自己的同胞，人頭落地……大家還是麻木的看著，沒有反應，沒有表情，中國政府也不管，也沒有反應，是不是全體中國人都麻木了！

魯迅看到這一幕，他痛苦極了，他心裡立即明白為什麼？他立刻放棄學醫，改宗文學。他清楚明白，當醫生只能救幾個麻木的中國人，文學可以醫人魂，救靈魂，先要喚醒中國民族魂，才能救中國。這是詩句「割掉的不是毒瘤／而是麻木與冰冷」的源頭，那時的中國人絕大多數處於「麻木狀態」，這種病因可上推兩百年，太複雜不說。所以，那時清醒又有智慧的中國人，如魯迅、孫中山，都在努力要喚醒中國民族魂（民族主義），只有先復興與民族精神，中國才有救。

一九三六年十月，魯迅逝世，在上海安葬魯迅的典禮中，沈鈞儒寫下「民族魂」三字在錦緞上，以覆蓋魯迅的遺體。一九三七年十月，陝北公學紀念魯迅逝世一週年，毛澤東在會上演說，稱魯迅為「現代中國的孔夫子」。（註三）

二千多年前我們就有了孔夫子，孔老成為一個永生的「法身」。他從未死過，現在全球開滿「孔家店」（孔子學院）；我們又有現代孔夫子魯迅，全球不中國化，很難！非洲已經成為「中國的第二個大陸」。

5、**胡剛毅的〈打鐵〉**：讓我回憶起童年常看的景像，每個村莊總有幾家打鐵店，詩人把意象擴張成「**吻，暴雨驟雨的／吻，緊鑼密鼓的／吻，一瀉千里的／吻，灼熱的紅唇**」。誇飾的程度不亞於李白的「白髮三千丈」，正是所謂「語不驚人死不休」，不光驚人，更要驚死人！這就是詩人。

6、**肖作華**〈**古城平遙**〉：二〇一一年中秋節，我和五個好友在這古城過中秋，「在古城中漫步／自己仿佛已成明清的一員」，人都是懷舊的。

7、**徐明**〈**大山**〉**的一生**：包含人和大自然的鬥爭，最後發現大自然是不能征服的，人是卑微的。「用蛇一樣蜷曲的山道／將你扎實地綁起」，意象鮮活又靈動，真是極佳詩句。

8、**魚魚的人生告別詩**：幾首詩都像生前告別詩（式），總結自己人生是美好的，夢想也實現了。〈美好生活〉，「我選擇死在秋天……如果可以有墓碑／我希望上面寫……」；〈疼痛〉一詩，「我要給自己立一塊墓碑……」；〈那是一片刀傷，那是一片月光〉一詩，「死日應該慶祝，舉杯……把身份隱入詩裡」。魚魚的人生很自在，自信亦感恩。

9、**藍蓮花**〈**水意江南**〉、〈**南京幻象**〉：頗有杜牧〈江南春〉的感覺，虛境造景，意象顯得湊泊玲瓏，「千里鶯啼綠映紅，水村山郭酒旗風。南朝四百八十寺，多少樓臺煙雨中。」試賞讀藍蓮花〈水意江南〉第一段：

在江南

空氣濕漉漉的
雨一下就是一季
是法海水漫金山的雨水
流淌到了今天
六朝古都的煙水
輕霧彌漫　雲朵低垂
雨打芭蕉的夜晚
思鄉的夢
總是歪歪仄仄
瘦成揚州橋頭的一彎冷月

完全是詩人的感受和體驗，想像的一片空靈美景。〈南京幻象〉亦是，「六朝古都的煙水汽／一派迷離／無人媲美／雨花石上的苔痕／漫長而幽深……」。詩人對古都的感情，在虛實之間漂移，又如夢幻泡影，人生亦如是。

10、**石英的〈望江南・一九四九江陰要塞〉**：這首算是在國民黨的傷口上灑鹽，當年國共兩黨分裂了中國，國民黨企圖隔江而治未成，丟了全部江山，亡命南蠻台島，如今國民黨可能泡沫化。中國統一的大事業，就全部由共產黨承擔了，中國夢的實現當然也得要中共領導所有中國人，努力達成！

11、**劉啓茂〈拉板車的人〉**：每個社會都有一群生活在社會底層的貧苦大眾，所謂「低所得者」，及至赤貧。大陸「平民詩人」王學忠（住河南省安陽市），有十多本詩集都是這類「底層詩寫」，筆者曾有兩本王學忠作品的研究。（註四）我總認為，金字塔上層的富翁和中間的中產階級，詩人不必去用心，而要用心關注底層的勞苦大眾，這是詩人應有的心態。因此，讓我們再次賞讀〈拉板車的人〉。

拉板車的人在拉板車
他頭上戴著一頂舊草帽
身上捆著一根「鐵」鏈條
匆匆的步履像淤泥裡的車輪
一樣不斷打滑
拉板車的人在拉板車

他要用一天的勞動給他
念切中的兒子買參考書
用一周的勞動給他的妻子
治關節炎
用一個月的勞動給他的母親
買腎病藥
用一年的勞動去修補他鄉下
兩間漏雨的瓦房

拉板車的人
被喧囂的車流和冷漠的人群
一點一點淹沒了
現在，拉板車的人在板車裡打盹
他像一棟年久失修的房子
晦暗、陰涼、淒寂

布滿了蛛絲

按中共「十九大」習近平主席規畫，中國大戰略將在二〇二〇年以「全面達成小康社會」為目標。習說，全面建成小康社會「一個不能少」；共同富裕路上「一個不能掉隊」，要牢記人民對美好生活的嚮往就是我們的奮鬥目標。（註五）可以這麼說，小康社會就是整個社會沒有一個「窮人」，當然也沒有這樣「拉板車」的人。

就詩論詩，這首詩也很能引人共鳴。最後形容這位老者「**他像一棟年久失修的房子／晦暗、陰涼、淒寂／布滿了蛛絲**」，悲憫、同情之心，油然而生。

12、**孫漢洲〈思念〉**：男人和女人的「糾纏」，是詩歌永恆不衰的題材，很多詩都在這裡面發揮。這首〈思念〉用詞極簡有力，字少而雙方念力強大，意涵豐富，賞讀如下：

女人，
站在江邊望夫。
站成一座
山峰。

男人，
潛在海裡想家。
想成一座
島嶼

江海聯結起
山峰與島嶼。
而江水與海水，
流不盡
男人與女人的思念……

意象單純而強大，海的壯闊和山的崇峻，都讓人敬服，江水海水在山海間川流不息，就如男人和女人的思念，永恆！無盡！一首小詩表達人類的共相，乃至眾生物種之共相。

13、**胡楊〈只有〉**：這詩的末段「只有一句話／窩在心裡發酵／說出來／全沒了味道」。是「愛」字，但現代觀念好像要說出來，雙方都喜歡聽。

14、**商澤軍〈思念：悼王燕生老師〉**：有時，不是男女之愛也有強大的思念，如這首對老師的思念。人的一生常有機會當別人的老師，應該盡力給人助緣，學生「隔山隔水」也思念你。

註釋

一 詳見拙著，《從魯迅文學醫人魂救國魂說起》（台北：文史哲出版社，二〇一四年五月）。

二 曾彥修，《魯迅嘉言錄》獻詞，《炎黃春秋》（北京：炎黃春秋雜誌社，二〇一三年四月第四期，總第二五三期），頁八七—九〇。

三 曾彥修，〈關於對魯迅的閱讀與研究的一點建議〉，《炎黃春秋》（北京：炎黃春秋雜誌社，二〇一三年八月，總第二五七期），頁七〇—七一。

四 筆者有關大陸平民詩人王學忠的兩本研究專書，分別是：《中國當代平民詩人王學忠》（台北：文史哲出版社，二〇一一年四月）；《王學忠籲天詩錄》（台北：文史哲出版社，二〇一五年八月）。

五 人間福報，二〇一七年十月二十六日，三版。

第三章　找尋經典　總第74期辛笛和食指

任何東西人事能成為「經典」，都是不得了的，必是人間稀有之寶物，例如佛經、聖經、可蘭經，乃至四書五經、十三經，都是人類歷史上無價之經典。此外尚有經典乎？

李白、杜甫、蘇東坡……張大千等，西方達文西、莎士比亞……也有數之不盡的「極高價」經典，此外尚有經典乎？

僅僅在現代詩這個小眾領域裡，民國以來這近百年內，郭沫若、徐志摩、聞一多、李金髮、臧克家、艾青、田間、賀敬之、流沙河、北島、余光中、洛夫……至少可以舉出一百個大師級作品，可以被詩評家公認是經典，此外尚有經典乎？

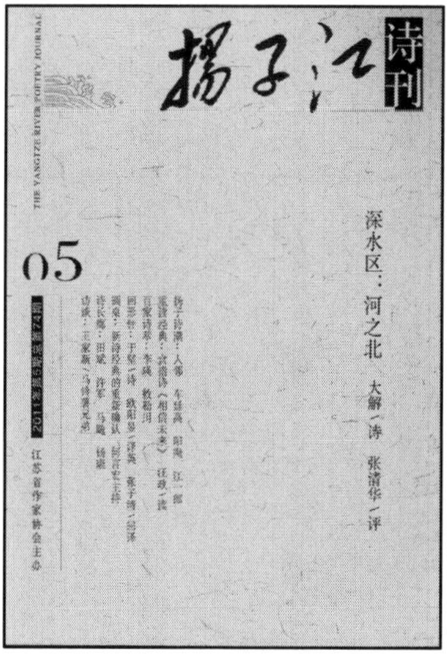

筆者創作寫詩五十年，至少也寫了幾千首詩，出版了十幾本詩集。對於詩歌創作，也曾經下過一些功夫。有些作品也曾被幾個酒喝多的詩友說是「經典」，我自己也覺得是一輩子難有之經典。

可見「經典」二字可做嚴謹或寬鬆的不同解釋。我認為，「真正的經典」至少要經過二百年以上的時間考驗，或同時代的詩評者都不在了，由後代讀者和詩評家去認定，最為客觀真實，是謂真正的經典。因為經典的認定，首先要「去私情化」。至於同時代之評論，都是「暫時的經典」，假設性經典，尚待未來由「時間判官」進行認證。這是對經典嚴謹的解釋和認定。

不論嚴謹或寬鬆，不管真正或暫時，能成就「經典作品」就是讓人鼓舞的事。因為「暫時的經典」若經時間判官認證，就可能有機會進位到「真正的經典」，千百年後成為「終極經典」。

打開熱呼呼的《揚子江》詩刊，二〇一一年第五期（總第74期），初略一翻，發現不少經典。辛笛的〈航〉、食指的〈相信未來〉、俄羅斯女詩人阿赫瑪托娃（**Ahha Ahapeebha Axmatoba**，一八八九—一九六六）的抒情詩，以及大解、瘂弦的作品，都可以當成經典閱讀，深入去探索他們奇異的世界。本文僅擇辛笛和食指兩家，進行較深刻的賞讀並初略理解他們詩境「理想國」為何?

通常放在詩刊最前面，置於目錄所有作品之外，必是某位大師或天王級詩人，才有的最高尊榮，這期《揚子江》詩刊由辛笛高坐這個「大位」，介紹了他的經典作品〈航〉。辛笛是誰?在台灣詩壇極少人知道，台灣詩評家高準先生，在《中國大陸新詩評析》一書有簡介。(註一)

辛笛，本名王馨迪，一九一二年生於天津，原籍江蘇淮安。一九三五年畢業於清華大學外文系，在北京藝文中學和貝滿女中任教，同年出版《珠貝集》詩集。一九三六年到英國留學，在愛丁堡大學研究英國文學，一九三九年回國，在上海暨南大學、光華大學任教，繼在上海銀行界工作。一九四六年加入「中國民主同盟」，從事民主運動。一九四九年出版詩集《手掌集》，是他最主要的詩集。(註二)他在一九四八年，擔任《中國新詩》月刊和《美國文學叢書》編委，這年也出版散文《夜讀書記》。一九四九年，他到北京出席「全國文學藝術工作者第一次代表大會」，會後即棄文停筆，轉入工業界。

一九七九年起，他重新開始一些文學活動，擔任「作家協會」上海分會理事。並與袁可嘉等人合編《九葉集》，這是四十年代九人詩選，包括辛笛、陳敬容、杜運燮、杭約赫、鄭敏、唐祈、唐湜、袁可嘉、穆旦，九人共一百四十首詩。

《揚子江》對辛笛的介紹，說憑他對人生的體味深入切微，憑他湛深的修養和熟練的表現手法，使他的詩有一個獨特的風格，他的詩裡沒有浮面的東西，沒有不耐的咀嚼糟粕。他把感覺的真和藝術的真，統一成一個至高至純的境界，使人沉湎其中，低回而忘返，他的詞句和節奏都十分完美。現在賞讀《揚子江》介紹辛笛這首〈航〉。

帆起了
帆向落日的去處
明淨與古老
風帆吻著暗色的水
有如黑蝶與白蝶

明月照在當頭
青色的蛇
弄著銀色的明珠
桅上的人語

風吹過來
水手問起雨和星辰
從日到夜
從夜到日
我們航不出這圓圈
後一個圓
前一個圓
一個永恆
而無涯涘的圓圈
將生命的茫茫
脫卸與茫茫的煙水

一九三四年八月　海上

理解這首詩，要從一九三四年前後年代的中國社會說起，詩人的「詩觀」和時代潮流是結合的。辛笛和《九葉集》諸詩人，他們認為詩是現實生活的反映，這個現實生活包含政治和社會生活中的重大題材。筆者不願界定那是一個「亂世」，但真是很亂的時代，所以〈航〉這首詩感覺上很灰色，有「航」而目標不明確。這不就是當時中國的社會環境嗎？整個國家社會都沒有方向感。有主張抗日，有不抗日；有要西方民主，有走俄國共產，而國內各派勢力只謀黨派之利，不顧中華民族整體之利，禍害百年，〈航〉只是詩人的嘆息！

「**帆起了／帆向落日的去處**」。落日的去處是哪裡？不明確。但也可以暗示航向「西方」，向西方民主學習，全盤西化，「**明淨與古老／風帆吻著暗色的水／有如黑蝶與白蝶**」，意象都不樂觀、不明亮。

第二段充滿詭異氣氛，「**青色的蛇／弄著銀色的明珠**」，所指為何？第三段暗示整個國家社會在原地打轉，沒有進步，「**我們航不出這圓圈**」，人民「**將生命的茫茫／脫卻與茫茫的煙水**」。國家處於內亂狀態，人民失去了依靠，詩人寫出一個大時代的社會心理「共相」和人民的心聲。高準先生則選編辛笛另一經典〈布穀〉。（註三）

布穀，布穀

你在呼喚些什麼
你是說割麥插禾
你是說百姓好苦

布穀，布穀
你在呼喚些什麼
我聽見過意大利的夜鶯
我聽見過英吉利的百靈
但我渡海而歸

暮暮朝朝
我只一心一意想著你
古中國的凡鳥

三十年前我當你
是在歌唱永恆的愛情
於今二十年後

我知道個人的愛情太渺小
你聲音的內涵變了

你一聲聲是在訴說
人民的苦難無邊
我們須奮起　須激鬪
用我們自己的雙手
來製造大眾的幸福
時至今日
我們須在苦難和死亡的廢墟中站起

也許是我錯
在聲音中
你像和杜鵑一樣是啼血的
你是我們中間的先知
是以血來化作你的聲音

化作也是我們的聲音
在田野上　溪畔林中
隨處你都召喚起一些人
一些懷有人民熱情的人
你不是孤單的
最後你來到頹廢濡沫的都市
靈魂警覺的
聽了你
於是也擾擾無休
他們一起宣誓說
要以全生命
溶出和你一樣的聲音
要以全生命來叫出人民的控訴
是的，人民的控訴

布穀，布穀
你在呼喚
我知道你為了什麼
布穀，中國人民的代言者
你叫吧

一九四六年六月四日詩人節在上海，選自《九葉集》

如果一九三四年的〈航〉是沉潛找尋目標中的辛笛，是有些困惑、掙扎和灰色的辛笛；那麼，一九四六年的〈布穀〉就是有了目標，要奮起戰鬥的辛笛，是堅定、清醒帶著血紅色的辛笛。不解之人有疑惑，一九四六年早已抗戰勝利，要奮戰什麼？戰爭結束了。別忘了，一九四六年辛笛參加「中國民主同盟」，在當時是中共的外圍組織，是國府眼中的「左派」。也確實，抗戰勝利對中共而言，真正的戰爭才要開始，辛笛是左派作家，必須呼喚全體中國人民起而奮戰。

詩中要以全生命叫出「人民的控訴」，要控訴誰？總有個對象，當然就是控訴腐敗的國民黨政權，控訴封建、落伍的思想，這是很明確的，不論政治意涵或詩意涵都這麼明確。這樣的詩對整個社會產生極大影響，是一種「無形戰力」，能獲得的「戰果」，遠勝幾個步兵師，所以會成為經典。

但當戰果已握在手中，一九四九年辛笛到北京參加文學會議後，立即棄文停筆，九葉詩人紛紛停筆，他們已警覺到寫作已成了一件危險的事。（註四）只有穆旦「手癢」在五〇年代又寫了幾首，立刻遭到政治批判，構成他後來慘遭迫害的遠因。而辛笛謹慎立刻停筆，躲過長達三十年的文字獄災難。直到一九七九年，一切都安全了，他開始重出文壇，做為一個「真正的詩人」，我以為他的情操和勇氣是要扣分的。

汪政在〈黑暗年代的華章〉，讀食指的〈相信未來〉一詩說，〈相信未來〉已經成為當代詩歌的經典，經典的特徵之一是它能夠從當時的語境中脫離出來，並且超越所有具體的語境而通行無阻。在這種通行中，它漸漸成為一個孤立的文本，能為所有人所接受。到後來，它就變得符號化了，工具化了，本義不再重要，重要的是人們可以用它來表達自己的語義。（註五）對於大陸詩壇我並不了解，汪政說食指的〈相信未來〉是經典，我便當經典看待，按汪政的文章先介紹食指這個人。

食指，原名郭路生，山東魚台人，一九四八年生。一九六九年赴山西汾陽杏花村插隊務農，一九七一年應征入伍，歷任舟山警備戰士，後轉業，為北京光電研究所研究人員。一九七二年因強烈刺激造成精神分裂，從此陷入長期病困中。

食指的創作分三個階段：(一)一九六六——一九六九年，文革前期，是青春寫作時期。(二)一九七〇——一九七七年，文革後期，創作停滯期，因生活顛簸、參軍、生病，作品留下不多。(三)一九七八年到現在，文革結束，重新開始寫作，創作慢慢轉向沉潛。〈相信未來〉是他青春寫作時期作品，全詩抄錄如下。

當蜘蛛網無情地查封了我的爐台，
當灰燼的餘煙嘆息著貧困的悲哀，
我依然固執地鋪平失望的灰燼，
用美麗的雪花寫下：相信未來。

當我的紫葡萄化為深秋的露水，
當我的鮮花依偎在別人的情懷，
我依然固執地用凝露的枯藤，
在淒涼的大地上寫下：相信未來。

我要用手指那湧向天邊的排浪，
我要用手掌那托住太陽的大海，
搖曳著曙光那枝溫暖漂亮的筆杆，
用孩子的筆體寫下：相信未來

我之所以堅定地相信未來，
是我相信未來人們的眼睛——
她有撥開歷史風塵的睫毛，
她有著看透歲月篇章的瞳孔。

不管人們對於我們腐爛的皮肉，
那些迷途的惆悵，失敗的痛苦，
是寄予感動的熱淚，深切的同情，
還是給以輕蔑的微笑，辛辣的嘲諷。

我堅定人們對於我們的脊骨，

那無數次的探索、迷途、失敗和成功，
一定會給予熱情、客觀、公正的評定，
是的，我焦急地等待著他們的評定。
朋友，堅定地相信未來吧，
相信不屈不撓的努力，
相信戰勝死亡的年輕，
相信未來，熱愛生命。

食指〈相信未來〉，一九六八。

汪政已對這首詩做了梳理詮釋，我仍有所補充。這是一個無可救藥的「樂觀主義者」，一切的黑暗都不是最黑，一切的災難也不是無救的災難，未來一定是有希望的。就像張雨生那首歌，〈明天會更好〉，只要相信，未來一定更好，給人信心，給人勇氣。所以，〈明天會更好〉這首歌也是經典，張雨生已移民西方極樂世界，而他的作品仍在流傳，是謂可傳世之經典。

食指除了是樂觀主義者，也還是一個理想主義者。他所相信的未來是一個怎樣的「理想世界」？這要從他所處的時代背景找答案。寫這首詩時他二十歲，文革前期，馬恩史列毛共產主義是他堅定不移的信仰。所以他相信的未來，必是這個共產主義的理想世界，他堅信這天一定會到來，期許大家不要太在意眼前的苦難，眼前的一切都是「過渡時期」。

除了思想、理念、言志的表達，我覺得更重要的是回到一首詩的本體，欣賞他的文學意境，整首詩散發出來的悲劇美感，有著強大的感染力，因而極易引人共鳴，可以說接近了「驚天地、泣鬼神」的境界。只可惜這首詩的最後一句「熱愛生命」，確實和整首詩的本旨、理想、境界是不合的，好像勸黃花崗七十二烈士要「熱愛生命」，勸文天祥岳飛要「熱愛生命」，這是格格不入的，汪政也提到這點。他們那代人的生命信仰，是頭可斷、血可流、命可輕，而理想不可放棄，這是人生最珍貴的情操。可以這麼說，犧牲是生命的展演和完成，是人生的最高、最圓滿的境界。這也就是千百年來，我們總把文天祥、岳飛、史可法等，視為中華民族永恆的神祇，世世代代中華子民都向他們頂禮參拜，視為民族英雄的道理。

食指可能也意識到「熱愛生命」四字的問題，除了降低詩的境界，也容易引起誤解。因此，過十年他以「熱愛生命」為題，再創作另一首詩，作為對〈相信未來〉一詩的補充。如是一來，介紹了前者就不能不提後者，就一併抄錄欣賞，〈熱愛生命〉。（註六）

也許我瘦弱的身軀像攀附的葛藤，
把握不住自己命運的前程，
那請在淒風苦雨中聽我的聲音，
仍在反復地低語：熱愛生命。

也許經過人生激烈的搏鬥後，
我死得比那湖水還要平靜。
那請去墓地尋找我的碑文，
上面仍刻著：熱愛生命。

我下決心：用痛苦來做砝碼，
我有信心：以人生去做天平。

我要稱出一個人生命的價值，
要後代以我為榜樣：熱愛生命。

的確，我十分珍愛屬於我的
那條曲曲彎彎的荒草野徑，
正是通過這條曲折的小路，
我才認識到如此艱辛的人生。

我流浪兒般的赤著雙腳走來，
深感到途程上頑石棱角的堅硬，
再加上那一叢叢攔路的荊棘
使我每一步都留下一道血痕。

我乞丐似地光著脊背走去，
深知道冬天風雪中飢餓寒冷，
和夏天毒日頭烈火一般的灼熱，

這使我百倍地珍惜每一絲溫情。
但我有著向命運挑戰的個性，
雖是歷經挫敗，我絕不輕從。
我能頑強地活著，活到現在，
就在於：相信未來，熱愛生命。

〈熱愛生命〉，一九七八年

〈相信未來〉與補充的〈熱愛生命〉，汪政形容為一代人的精神宣言，一個越來越被神化的當代經典。文革時期是一個沒有詩的年代，詩歌藝術退到「正負零」以下，零無正負，反正就是零（不能稱為詩的東西），食指的作品是「地下詩歌」，算是保存了中國詩歌一點血脈和尊嚴，這也是他得享尊榮的原因。

為何文革是無詩的年代？想當然文人都不願意涉險了，寫作寫到被批鬪、丟老命，又何必呢？像九葉詩人早早停筆。食指敢於涉入「地下活動」（地下詩歌），他比辛笛更有勇氣，更為可敬！

文人為何不願涉險（寫作）？這個問題遠因要追到馬恩史列的文藝思想和政策，那太遠了。近因則是一九四二年五月，毛澤東在延安文藝座談會上強調，文藝是整個共產黨革命機器的一部分，也是團結和教育人民，打擊和消滅敵人的有力武器。準此而言，文學詩歌只是一種鬥爭武器，這太危險了！任何作品都可找個理由入罪，接著被批鬥、批臭、批死！而食指無懼，就算地下詩歌，也要抒發自己的理想。

回到〈熱愛生命〉一詩，到底為〈相信未來〉補充了什麼？詩人形容自己是瘦弱的葛藤，把握不住自己人生方向，必須攀附在大樹才能前行。「攀附……」（一個主體上，如一棵大樹），暗示文革是「主體」（大樹）潮流，詩人只能隨潮流而動，無力自主，如是困境依然熱愛生命。就算在大潮流裡靜靜的死了，仍熱愛生命。因此，詩人決心以痛苦做砝碼，提昇人生的價值，為後代做「熱愛生命」的榜樣。接下幾段詩述人生的艱辛、痛苦過程，就因為人生多麼痛苦艱難，才讓人更覺得要珍惜溫情，要熱愛生命。

最後詩人以自己個性做總結，就是勇於向命運挑戰，雖屢戰屢敗，也絕不投降，頑強的能活到現在，在於相信未來和熱愛生命，這是他的「理想國」。

總的賞讀了辛笛和食指，兩岸詩評家雖有論述上小小的差異（對辛笛），但對他們的作品可視為「經典」高度，則是有共識的。惟筆者仍認為「當代經典」，再經百年至數百年以上的時間考驗，才成真正傳世經典。

只是當下，我對能成為「當代經典」者，辛笛、食指，以及郭沫若、聞一多、北島、洛夫、余光中……我是敬仰兼崇拜的，因為我沒有百年後的機會。

註　釋

一　高準，《中國大陸新詩評析》（一九一六——一九七九）（台北：文史哲出版社，一九八八年九月），頁二九九——三〇四。

二　按《揚子江》詩刊二〇一一年第五期（總第74期）介紹，《手掌集》是一九四八年一月由星群出版公司出版。

三　同註一。

四　同註一，頁三〇四。

五　汪政，〈黑暗年代的華章〉。讀食指的〈相信未來〉，《揚子江》詩刊總第74期，頁四一——四六。

六　同註五。

第四章　第一夫人爲何自殺　總75期的生命探索

「第一夫人」都是一顆耀眼的巨星，散發著光鮮亮麗彩顏。但有些「完全沒有聲音」，乃至連影子也不容易被外界看到，立即想到現在北朝鮮的金正恩老婆李雪主，還有蔣經國先生的老婆蔣方良（她是俄國人）。她們都是「第一夫人」，沒有聲音的第一夫人，享不盡的榮華富貴外，至少也得到丈夫一部份的愛，或一點最基本的「尊重」。所以，她們可能還過得快樂和尊嚴，她們不太可能會舉槍自殺。

娜捷日達．阿利盧耶娃也是偉大蘇聯的第一夫人，為什麼會走上舉槍自殺的絕路？又是在十月「革命節」之夜的克里姆林宮．

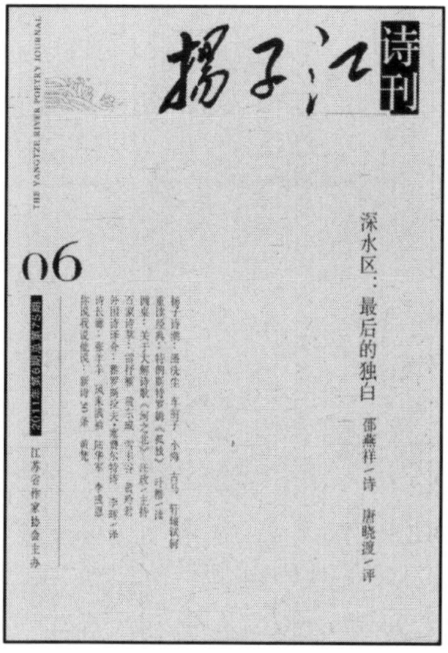

斯大林（台灣通譯：史達林）不愛她嗎？或至少一部份的愛，或沒有給她基本尊重嗎？他們的關係我向來不清楚、不知道。

在兩蔣時代，台灣因「反共抗俄」的需要，所有關於蘇聯的一切（人、事、政治、文學……），全部是「禁區」，未經高層許可而私自涉及者，可能會「死的很慘」。那是一個時代「特色」，地球有史以來像這樣的時代，規模更大更恐怖的，多的是，說不完，寫不盡，台灣那一點點所謂的「白色恐怖」，根本是雞毛蒜皮的事，若和歐洲長達一千年的「黑暗時代」相較，成了不值一說的小事。

筆者有幸，年輕時曾是政治作戰學校（蔣經國創辦）政治研究所研究生，為研究「國際共黨」的需要，有「特權」可以接觸「馬恩史列毛」的作品。我專心研究好幾年，平心而論，馬恩的東西部份是很好的，廿一世紀開始資本主義成了過街老鼠，社會主義抬頭，是有一些道理的。我對前蘇聯與國際共產主義的興趣，大於他們的文學藝術詩歌等。

斯大林不過是喬治亞皮鞋匠之子，僅受中等教育，曾隨列寧工作，擔任列寧的私人秘書，對共黨理論不如托洛斯基或布哈林等有獨特見解。在列寧時期，有感於俄國工業落後，人民貧窮又未受教育，不得已採專制手段加速模仿西方工業建設。到了斯大林（一九二七年到一九五三年死為止），更以變本加厲的專制手段，企圖使蘇聯成為工業強國。

斯大林有著無限大權力，他一人控制著國家的一切，決定任何人死活。為全面強制農業集體化，一次消滅富農三百六十萬人，目的只為容易控制糧食生產。其他各式各樣鬪爭，如歐洲中世紀「黑暗時代」，不知死了多少人！如此一個「偉大領袖」，「第一夫人」會是怎樣的形像，邵燕祥有詩曰：（註一）

我是誰？我是你的妻子？主婦？
朋友？伴侶？抑或只是你麾下
千百萬士兵和聽眾裡的一個？
你曾把耳朵貼在俄羅斯大地上
連簌簌的草長都能聽見
但我相信你早已
聽不見近在身邊的
我的心跳的聲音

天底下的夫妻多少碰到這個問題，蔣方良和李雪主女士沒有嗎？完全沒有應是不可能的，斯大林夫人無法脫困，她碰到的更為嚴重嗎？斯大林根本不愛她了。「偉大的領袖」要多少「極品女人」，多的是想自動獻身者，所以她在斯大林心中就像一隻破鞋，連最基本的尊重也不可得，怎能聽見她的心跳聲！她不斷自我質疑「我是誰？」無力亦無智脫困。

也許能忍受沒有愛情的家庭
但不能做不受尊重的人。
……
茫茫的荒原。
狂風卷起的雪崩。
斯瓦涅特山的山神也已失蹤。
埃里布斯山的冰冠
滾落下來，把雪橇壓得軋軋響，

……
我走到了盡頭，
但又怎能說漫長呢？
只是短短的十四年，
只是從彼得格勒
走到莫斯科。

就像任何新聞報導自殺者，都說路已「走到了盡頭」，心中的山崩潰了，心中的夢碎了，腳下的路沒了！她心中在堅持什麼？她必是堅持著某種信念導至她難以「轉念」。對了！她只想當一個正常的人、尤其正常的妻子或夫人，這種單純的想法很純潔，但很危險，很容易「引火上身」，不死也痛苦，為何？

政治是一種可以讓人不成「人」的東西，政治可以讓君子一夜間變老鼠，讓肥貓一夜間變領導。總之，政治可以使人成野獸，叫豬變人，都是無所不能的，人在政治中都是不正常的，乃至是「不完全人」。阿利盧耶娃看不透這層，因此她的路走不下去了。

走啊，走啊，終於走到了一九三二年十一月七日
十月革命十五周年的晚宴，
……
你竟敢吆喝：
嗨，你，喝一杯！

我憎恨你
像你憎恨世界。
就是最柔弱的花蕾
也不在粗暴的叱令下開放。

我起立。
離開餐桌。
推門而出。
清洌的夜

只有星，沒有花朵。
前面是死亡，還是生活？

原來斯大林命令自己的老婆，「喝一杯」，其實喝一杯就喝一杯，只不過就是一杯酒，不是什麼「不可能的任務」。可見問題不在酒，天底下所有離婚的夫妻，原因寫的都是「代名詞」，真正的原因可能是永遠的秘密。

阿利盧耶娃碰到的難題，一是夫君斯大林的不尊重，以及她自己找不到定位，即沒有「自我」。「做客人間三十年，她發現自己／是從來沒有獨立存在過的人／一條小木船拖在一艘巨輪後飄蕩／一頭小牝鹿拖在高駕的馬車後狂奔」。這確是事實，但她不知道，古今中外所有強人的女人，皆如是啊！強人身旁的女人和黑道大哥的女人，本質上是一樣的，沒有所謂「自我」，想要有「自我」也很危險。大哥會懷疑妳的「企圖」，妳想幹什麼？妳很可能小命不保。

李雪主敢要「自我」嗎？蔣方良敢要「自我」嗎？乃至今天自稱最民主的美國總統川普夫人，有百分百的「自我」嗎？其他亦如是。當然世事都有例外，很多強人夫妻也可以幸福美滿，這必是兩個變項良性互動的結果，若只是單方的努力都是失敗的。世間也是每個人因緣不同，每個案例都是不一樣的，但當一個女人選擇嫁入豪門，她就絕不可能擁有完全自我，她所能做的只是用「失去的自我」，換得可以享有的榮華富貴。此外，她只是一個「偉大」強人手上的「玩物」，她不過是一個附屬品、附庸，思想是不該有的。

按這首詩意，斯大林老婆是自殺的，但其實這是蘇聯時代的謎團之一。大陸有個作家于洪君（全國政協委員），認為有她和斯大林產生政治分歧、婚姻失敗、斯大林逼她自殺、斯大林有新歡等各種原因。另外，阿利盧耶娃是一個氣質高雅，樸實謙和，但有著較為獨立的政治人格和道德原則的女性。

我想，就是這「獨立的政治人格」和「道德原則」讓她人生路走不下去，這兩種東西是斯大林所不能容忍，也是很多「強人」所不能容忍。對於古今中外的強人而言，需要的只是：絕對服從的人，沒有聲音完全忠誠的人。這是人性，放在今天的美國、中國、英法……都是一個樣。阿利盧耶娃不是這樣的人。

如果是上帝決定我的命運，你就是上帝。
如果是魔鬼決定我的命運，你就是魔鬼。

無論你是上帝還是魔鬼，
我第一次不再聽命運的決定。
隨你怎麼說——
家中的反對派。
第一個抗議者。
我走了。
我走我自己的路。
但是不，我就留在這兒了
我不去高加索！

對於邵燕祥這首五百行長詩，唐曉渡在同期《揚子江》有一篇評文，〈娜佳：最後的絕望和最後的救贖〉，深入探索分析，為讀者梳理女主角自殺前的心路歷程。最後結論說，「不管怎麼說，九泉之下的娜佳可以安息了，由於一個中國詩人，她自由的靈魂終得獲救並不朽，對於死于『最後的絕望』的她，還有什麼比這更大的告慰呢？」

這是文學詩歌偉大的功能，可以平反人世間的「冤案」，而使文學又有了宗教的功能，可以救贖絕望的生命。

但筆者認為，假設就是沒有外力介入的自殺，身為一個母親是很不應該的，對兩個未成年的孩子打擊太大；就「第一夫人」身份而言，不論斯大林多壞，用自殺做「反擊」也欠缺正當性，這是「錯誤示範」。

「自殺」的意涵太多、太複雜，我對斯大林夫妻關係所知不多，因此我的說法也不可能是完全正確的詮釋。歷史上的「自殺」案例很多，每個案都沒有太多共識。例如，「九一一事件」自殺攻擊，站在英美西方強權立場是邪惡的，主持和執行「自殺任務」者都是罪犯；站在阿拉伯世界的阿拉子民立場，是神聖任務，犧牲者是民族英雄。而筆者的看法，這是手無寸鐵的阿拉子民，對數百年來的英美強權侵略者，所進行的「不對稱戰」，賓拉登是「第四波戰爭」的開山鼻祖。（註二）我給予高度肯定，西方帝國主義就是要這樣教訓，類似這樣的聖戰，阿拉子民要持續發動，直到美英強權放棄他們的侵略性，改善他們的邪惡本質。

有時自殺是一種「生命的展現」。（註三）表面看是矛盾，意涵則極為神聖。佛光山慧開法師在他的名著《生命是一種連續函數》一書，舉荊軻刺秦王前向樊於期要人頭、子路之死、文天祥自殺未死從容就義、黃道周頭斷身死仍不屈、江左少年夏完淳臨刑不屈不跪等，詮釋「死亡是一種生命的展現」，他們因身死（自刎、自殺），而成一代完人。古來忠義不寂寞，千秋萬世感人心！

阿利盧耶娃的自殺（假設她就是自殺），與前述樊於期、文天祥、九一一事件自殺攻擊者等案例，相同的是自己結束自己的生命，不同的是歷史背景、文化信仰或動機目的不同。眾生不論如何死法，總之人世間苦難太多，一切生命都不存在圓滿，站在佛法立場，希望眾生得到救渡和救贖。阿利盧耶娃也已得渡、輪世，再生為中國人，為來報達詩人邵燕祥的救贖之恩，因果是必然會發生的，否則即非因果。

這期的《揚子江》詩刊，好像「死亡專刊」，很多探索「死亡」的作品，引領讀者思考生死問題，似乎也暗示「死亡是生命的一種展現」。除阿利盧耶娃外，潘洗塵的〈所謂的一生〉和〈某一段時間或某一個詞語〉、車前子的〈黑石榴之年〉、〈悼念一位少年朋友〉、〈突然悲從心來．手稿〉，還有黃東成〈艱難〉和〈陰冷的墓穴〉，乃至管用和二首〈紀念辛亥革命百年〉、沈尤〈悼念死者〉，李暉譯的捷克詩人雅羅斯拉夫・塞費爾特部份作品也是。賞讀潘洗塵〈所謂的一生〉。

這一刻　我死了
陽光依舊明媚　遠處的育嬰室
仍有新鮮的啼哭　時斷時續
多麼冰冷的死亡　我們一切稱之為規律的東西
活著時　生命就缺少形像感
死了　更是被簡化成
某個詞　或某些詞語
盤點是來不及了
加法或減法又有什麼意義
一些時間的敘事　終成雲煙
與生命有關的抒情　已丟在風中
越不過　也回不去
所謂的一生　就是被卡在這裡

確實，所謂的一生就是被「卡」在這裡，就是死在這裡，回不去（生命沒有重來），也沒有「往生」，當然就沒有什麼來世前生等。持世間現象的「斷滅論」者看法，就是這樣，死了就死了，一了百了！人生就這輩子幾十年而已，其他都是鬼扯。所謂三世因果輪迴，所謂善有善報，惡有惡報，盡是鬼話連篇！

因果輪迴乃宇宙間的自然法，佛陀不說依然是存在且在自然中運作，如地心引力（萬有引力），牛頓不發現不說依然存在且自然運作。二千五百多年前，佛陀在菩提樹下，金剛座上開悟得道，首先悟得「因緣法」，所以因緣果報、輪迴只是佛陀「發現」，並非「發明」，其本質是自然法，宇宙間一切都因緣生成，緣生則聚，緣滅則散，並無什麼大道理。

西方基督教信仰，在《舊約》聖經和《新約》福音書本來也包含因果輪迴觀。很遺憾的，羅馬帝國君士坦丁大帝（Constontine the Great, 二七二—三三七），於公元三二五年下令刪除，這是為政治統治的需要，認為因果輪迴會破壞基督信仰。到了公元五五三年，羅馬天主教會召開第二屆君士坦丁堡大公會議，進而判定因果輪迴為異端邪說，全面禁絕，此後西方一千多年完全不知不信此一宇宙真理，十分可惜。

到了二十世紀，科學發達，心理學、潛意識、超心理、精神治療、量子力學等越來越多的研究和實證，讓人再度從科學層面認識因果、輪迴、轉世的「三世因果」。如今幾成「顯學」，要認識這個真理，也不是人人有緣，有人可能終其一生不知不信這個道理。從因緣法解釋宇宙萬象，「自殺」當然也在因緣法之內，賞讀〈賀新郎·拜謁辛亥首義烈士陵園〉。

天淨白雲潔，訪陵園，暗追往事，武昌英傑。革命黨人傾砥柱，戰地橫飛碧血，眾勇士志堅如鐵。殺敵捨身殤永別，嘆忠魂裊裊歸天闕。漢水泣，長江咽。

丹心赤膽光日月，劍氣存，睡獅已醒，羆熊震懾。腐朽清廷終崩潰，回首浩然銘碣。青史載，千秋功業。萬世流芳今人仰。逾百年兩岸均拜謁。誠悼念，敬先烈。

先烈精神永恆不死，均成一代完人，生命永垂不朽，他們個個都成為一種「法身」，被中華民族代代子民視為無尚之典範，永受後人禮讚、膜拜！從本質看這群推翻滿清的烈士們，他們等於「集體自殺」式的從容赴死，這個行為和「九一一事件」集體赴死（奉阿拉之名）的勇士們，二者到底有何差別？

在筆者看來，二者本質上是沒有差別的。唯一的差別，辛亥烈士是中華民族的英雄烈士，賓拉登和信徒們是阿拉伯民族的英雄烈士。

本文從邵燕祥的詩，思考斯大林妻子阿利盧耶娃「自殺」的一些問題，翻閱整本詩刊也有不少探索生命、生死的詩創作。讓我擴張了想像空間，阿利盧耶娃、樊於期、文天祥、辛亥烈士、九一一的阿拉勇士們……類似典型案例在人類史上不多，也不少，他們都自願結束自己的生命，不管各派陣營給他們何種「名相」定位，但本質是無法改變的。

相同的本質，只是「一花一世界、一葉一如來」，他們背景、動機、目標都不同，這些因緣吾人不得而知，許多深妙因緣唯佛能知。當他們獲得救贖、救渡，他們也都在因緣大海中流轉，從三世生命觀看，他們都沒有死，《心經》如是說：「不生不滅，不垢不淨，不增不減……乃至無老死，亦無老死盡」，不管你信不信，自然大法如是。

註釋

一 邵燕祥，〈最後的獨白：劇詩片斷，關於斯大林的妻子娜捷日達·阿利盧耶娃之死〉；唐曉渡，〈娜佳：最後的絕望和最後的救贖〉。〈讀邵燕祥長詩〈最後的獨白〉〉。均見《揚子江》詩刊，二〇一一年第六期（總第七五期），江蘇省作家協會，二〇一一年十一月五日。

二 陳福成，《第四波戰爭開山鼻祖賓拉登》（台北：文史哲出版社，二〇一一年七月）。

三 釋慧開，《生命是一種連續函數》（新北：香海文化事業有限公司，二〇一四年七月），〈生死探索〉章，〈死亡是一種生命的展現〉節。

第五章 總第76期 進出朦朧

看了幾期《揚子江》詩刊的作品，感覺這詩刊上作品的風格，並不是給人解讀、詮釋的，而是給人欣賞、想像或疑惑的。就像看「現代美術館」內的作品，創作者不是要給人看懂，只是作者內心的天馬行空。

這期也刊出不少大師作品，牛漢〈我的家〉、短新詩十九首推薦，有艾青〈我愛這土地〉、戴望舒〈我的記憶〉、魯迅〈野草．墓碣文〉等。上期邵燕祥〈最後的獨白〉，有羅振亞、陳愛中、劉波和盧楨四人，再進行深度對話析論；還有馬鈴薯兄弟和北島的訪談對話，訪談最後北島提到一九九〇年在海外復刊的《今

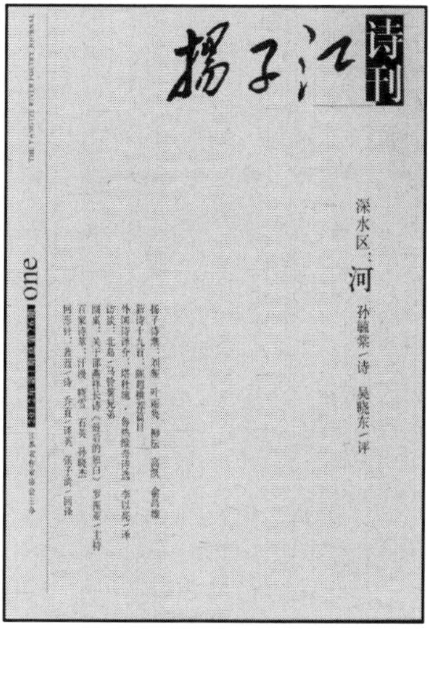

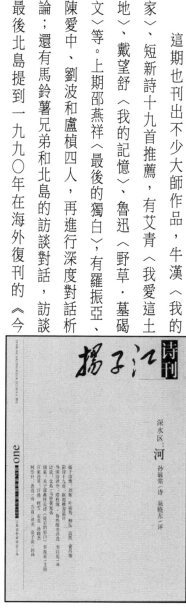

天》，這個在一九七八年十二月在北京創刊的詩刊，到一九八〇年九月停刊，在大陸只出九期，應該是政治原因。但如今開放許多，應該要遷回北京出刊才是。

外國詩人，本期介紹波蘭著名詩人、戲劇家、小說家塔杜施・魯熱維奇（**Tadeusz Rozewicz**, 一九二一——）。他的戲劇作品結合了波蘭荒誕主義和荒謬劇成分，在世界上產生很大影響，不知他的詩是否也荒誕、荒謬？刊在這期的〈見證人〉、〈辮子〉、〈幸運〉、〈穿透〉、〈在生命的中途〉等九首，不算是荒謬詩（因為在邏輯、理性上仍有解），倒是有些朦朧，賞讀一首比較不朦朧的，〈穿透〉。

死
穿透生
如陽光
刺透掛在門口的
蜘蛛網
從死亡之床
他走出來

叫喊著謀劃著
伺機而行
死吃掉了
分布在
骨頭上的器官

這首詩意象很鮮明清晰，思維邏輯也合理，不算朦朧，死穿透生，生又穿透死，生生死死，似在說因果輪迴，但我相信這位波蘭詩人不是佛教信仰者，只是他參透了這個自然法則，發現（或相信）了宇宙真理，用詩表達出來。他是戲劇家、小說家，可能也會用戲劇小說等形式，表達出這種信念。

第一段「死／穿透生……」，暗示了生命從何而來的問題！從上一世的死穿透（轉世）而來，而有了今生；第二段「從死亡之床／他走出來／叫喊著謀劃著／伺機而行」，即有了生命，誕生、成長、生老病死，每天糾纏著，還有天災人禍，種種伺機而動，都時時刻刻置你於死地，你等於每天都身不由己的在邁向死亡。由此而論，〈穿透〉一詩也在述說人生的荒謬。

第三段是人死亡前的驚恐，「死吃掉了／分布在／骨頭上的器官」。「死」擬人化成一個魔鬼怪物，把人身上的器官一個個「吃掉」，人終於死了，死又穿透生……如是循環、輪迴，說來也不荒謬，一首極有啟發性的好詩，探索生死的神妙！從另一角度解讀，也非常存在主義。

劉頻的〈焊接時光者的肖像〉組詩都有些朦朧，何謂「朦朧」？儘管大陸和台灣都曾流行朦朧詩，我並無特別注意研究，大約就是「不清不楚、不明不白、似懂非懂」的朦朧美，如霧裡看花，遠距離看女人。如〈我在等著我的祖國慢慢變舊〉、〈舊時代的水塔〉、〈在舊航道裡航行的船〉，結構情節閃跳很遠，思維線索不明確。但〈在傍晚和父母談起舊日子〉一詩，則不朦朧，思維和意象都清晰，親情溫馨的感染瞬間蕩漾在心頭。

葉麗雋，想像她可能是正當青春的單身女人，一個人住在高樓層的高級小套房內，很懂得生活，生活得有詩意，如她這幾首詩。賞讀〈裸春〉。

沖澡後，不急著穿衣
在這個陽光明媚的房間裡

一無牽掛的走動
翻書、喝茶、翹著腳小憩
看時光金黃的豹子
隨午後的流逝，沿著大腿
慢慢爬上我的腹部
窗外，是片光禿的樹林子
一根根赤裸的枝條
萌動著多少青蔥的欲求
我知道對面的樓宇中
一定也有我這樣
臨窗的人
但我並沒有感到絲毫的不安
我甚至打開了這空調間的窗戶，讓那
刮過每根枝條的風
也都刮到我的身上來

已經是三月。春天來了，有什麼
是不可以的呢

一首「思春」之作。凡是健康有點自戀的人，都有過這樣的經驗，一絲不掛一無牽掛的在家裡小憩，當你獨處時。詩意除了享受「裸春」時光，詩人還暗示著什麼？「我甚至打開了這空調間的窗戶，讓那／刮過每根枝條的風／也都刮到我的身上來」。詩人「思春」啊！原來是春天了，當然就是思春的季節。

柳沄的〈周圍〉組詩，都像是在無聊的日子裡，說的一些荒謬而斷續不連接的話。〈下了一天的雨〉，「襪子是兩只／灰的和灰的」；〈落日之後〉、〈十一月十三日的晚上〉等，意象跳躍、轉折，造成結構上好像有斷層感，不知道詩人企圖何在？讓讀詩如霧中看花，難道這就是傳說中的朦朧詩嗎？賞讀一首真朦朧的詩，劉春的〈沒有一棵樹像魔〉。

他們有的像羊
有的像牛
有的像馬

像駝背的老人
背書包上學的孩子
像擁抱著的情侶
像張牙舞爪的壞人
甚至像雲，像墨
像幼兒的塗鴉
像一塌糊塗
像空虛
像無
但是沒有一棵像魔鬼
這是今天晚上
我在外一科病房的陽台上
看到的

這首詩要表達什麼？詩人在說啥？隨讀者怎麼想怎樣說都對，並非一種空靈，說朦朧非朦朧也可以，總之是難以定調，《揚子江》各期有很多這類詩。目前大陸詩壇流行這種詩嗎？我對老一輩詩人作品讀起來比較有感，如這期《揚子江》陳超推薦短新詩十九首之一，艾青的〈我愛這土地〉。（註一）

假如我是一隻鳥，
我也應該用嘶啞的喉嚨歌唱：
這被暴風雨所打擊著的土地，
這永遠洶湧著我們的悲憤的河流，
這無止息地吹刮著的激怒的風，
和那來自林間的無比溫柔的黎明……
——然後我死了，
連羽毛也腐爛在土地裡面。
為什麼我的眼裡常含淚水？
因為我對這土地愛得深沉……

一九三八年十一月十七日

多麼清楚明白、堅定、真誠的表達了對祖國大地的愛，對自己國家民族的大地飽受內憂外患，體現當時廣大人民群眾悲憤的情緒，這是人類中最偉大而珍貴的情操，就是愛自己的祖國。

然而，艾青一輩子在自己國家大地上，被各黨派整慘了。年輕時參加「左翼」，被國民黨痛加「修理」，關了三年牢。後來他去延安，執教於「魯迅藝術學院」，不久毛發動「整風」運動，他受到嚴厲批判，一九五七年的「反右」，他被打成右派，被下放勞改十六年，到一九七八年才獲平反。飽受這麼多折磨，不改其愛國愛民愛這片土地之志，這是讓無數人感動的地方。

像艾青這樣「左右不是人」的困局，從民初到現在的百年間，不光是文人，幾乎生長在神州大地上的中國人，在其一生中都碰到過，保住老命已算幸運之人。這種災難有「遺傳性」，到現在中國之所以尚未完全統一，也是這種左右問題的後遺症。真是我們中國人的劫數，不知道有幾個中國人和我一樣思考這些「舊時代的習題」？不知如何解題？

本期也有幾首以死亡為題的詩，如汗漫的〈一個人的遺體告別儀式〉和〈一個人死去之後〉;孫梧的〈墓地的魂靈〉;顧寶凱的〈每朵花都是一個亡者的靈魂〉等。這類作品都有點朦朧,因為誰也沒有死過!這是非經驗性的,雖是表達活人(詩人)想法,大多如夢語的詩化,但這幾首不太朦朧,很有讀下去的吸引力,賞讀這首〈一個人死去之後〉。

1

一個人,比如說,F
死去之後
會產生若干全新的F——
兒女眼中的F,妻子眼中的F,情人眼中的F
友人敵人眼中的F……

2

像盧山的橫嶺側峰之間有眾多小路
可供多角度進入——
步行,開車,乘坐索道

沿著回憶錄、書信、日記、遺囑、謠言
他們反覆進入F內心的美景、深淵、風

3

但那些只言片語的小徑、粗枝大葉的綠蔭
往往戛然而止
探絕了這些探險者窺視者的腳步和眼睛
廬山般的F，使他遺像之外的真面目
繁復、陌生

4

他的兒女、妻子、情人和友人敵人
止步於他內心不同深度、高度、溫度的
路口或懸崖
夜色一樣猶豫
雲霧一樣茫然

5

這些茫然、猶豫
構成了死者內心的部分景色？
他的兒女、妻子、情人和友人敵人
終將在各自的愛戀憤怒中總結出一個全新的死者
總結出一個人幾十年的陰影和霞光──

6

但這已經與死者F無關
他乘坐殯儀館煙囱內向上開出的火車
擺脫往事。偶爾
他會把親人友人的鼾聲作為槳聲，開闢一條水路
回到枕頭作為渡口的家鄉

7

他也可能在夜色掩護下
把自己這架長途奔襲的轟炸機，和解為風箏
飄進敵人的臥室、夢中……
——只有當這些親人、情人、友人、敵人也相繼死去
一個人才會在人間消失……

結構整齊七段三十五行，諷刺意味濃又很寫實的詩，詩不朦朧，現代男人很朦朧（注意，這首詩只講男人，不講女人，好像女人不會出現這些問題。其實現代社會女權高漲，類似問題，女人也多了！）。永遠沒有人可以很清晰完全的認識F（F代表現代社會任何一個已婚男人），到F死後，出現各種不同版本的F，也還無人可以認識F的真面目，F像是一座永遠讓人不能完全認識的「廬山」。就事實而論，本來如是，宇宙間一沙一世界，何況是人，任何人都不可能被「完全認識」，只有程度的差別。但這首詩重點指向現代社會已婚男人的人際關係，複雜到連親人、情人、妻子……都只知道小小的片面，永遠沒有人知道「他」全部的真相。

第一段先點出F死後浮現的問題，大家驚覺F的人際關係有很多未知的秘密。第二段是各個角色的人開始要找答案，找出真相，像在廬山找小路，「**沿著回憶錄、書信、日記、遺囑、謠言／他們反覆……**」，大家都要真相，妻子、情人、親人、敵人友人，挖！挖！挖！

第三段所有想要找出真相的作為全部「中道崩阻」。因為所有「探險者」和「窺視者」先是被拒絕，調查行動都在中途「**止步於他內心不同深度、高度、溫度的／路口或懸崖**」，有如永遠無解的懸案。第五段就算大家追探到底，妻子、情人、友人……終於總結出「真相」，也不外是雲霧般茫然，就是一些陰影和霞光，總結他的一生，和所有人一樣：正面的一些、負面的一些！

最後兩段，人死了，一了百了！人間的一切已和F無關，或者他會來投夢（指他的八卦仍會在親友間流傳），好像F仍在世。要等到所有和F有關的人全死光了，他才會真正從人間消失。

居於好奇心，便找「古哥」查一下「朦朧詩」，說是一九八〇年代，中國詩壇最有影響、有爭議的詩歌流派。詩語言讀起來稀奇、彎扭、晦澀、怪僻，代表人物有謝冕、孫紹振、徐敬亞，另持否定的有丁力、鄭伯農、程代熙等人，艾青和臧克家對朦朧詩也持批判態度。

由北島和芒克創刊的《今天》，是朦朧詩派匯集所，因此有人將朦朧詩稱「今天派」。我讀《揚子江》幾期，覺得很多詩很朦朧，賞讀一首夜魚的〈杯具的價值〉。

杯子在她離開之後
砰然碎裂
離她最近的人想起預言的詭秘
有些郁悶

在場的人手指燥熱
並沒有碰觸到玻璃的感覺
不知道來源於誰的動作弧度、衣袂
或者冥冥中必然的發生

夜深了
她在回家的路上輕輕咳嗽

她是唯一想聽而沒有聽到杯碎之聲的人
她不知道一群人
正踩著碎玻璃想她
想起她啊，一地的清脆

這首詩在寫什麼？詩題和內文沒有結合，乃至文不對題（可能詩人就是要表達一種荒謬），杯子碎裂的意象鮮明，但意涵不明。再者，四段好像也都在搞獨立，都不願意和詩題同一國，各段意涵何在？價值何在？

讀起來就是彎扭、晦澀，這是所謂的「朦朧詩」嗎？或者朦朧詩又開始在中國大地上流行，我不得而知。中國地大人多，幾百萬詩人，幾千個詩刊，光看一個《揚子江》不準，何況才看幾期？

註釋

一 高準，《中國大陸新詩評析》（一九一六～一九七九）（台北：文史哲出版社，一九八八年九月），頁二〇二——二二四。

第六章　帶我浮游神州勝景　詩境盛筵　總第77期

又收到一本詩集，放了好幾天才打開。

又用了好幾個中午和晚上，翻一翻各家作品。曾卓、杜涯、汪政、朵漁、空格健、谷禾、余笑忠……張平、胄聞、亞楠、西洲。

觀光旅遊是現在世界各國政府積極推動的重點政策，而吾中國已成全球之觀光大國，每年國人平均旅遊人次以數十億計（含台灣）。很意外的，這些旅遊人次並不包含筆者，可歸納出至少十個原因，造成筆者長年閉門「耕讀寫作」的人。但我對中國大地所有勝景並不陌生，名山巍峰、湖海瀑布、自然傑作、沙漠草原、

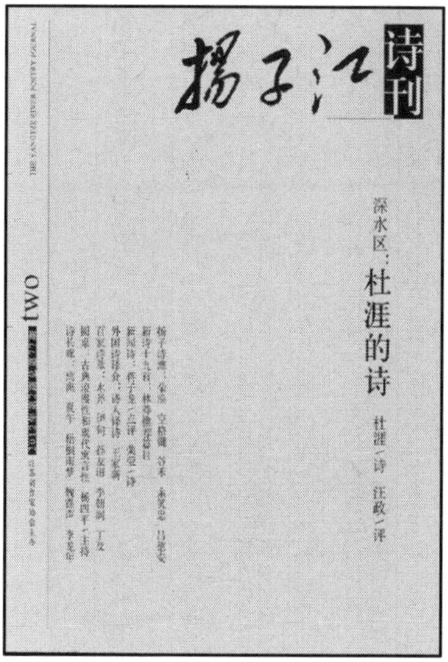

民居古都、峽谷鬼城……常在我心中浮現如夢境圖像。我喜歡夢境，不喜歡實境，夢境如詩如畫，實境總是有些缺陷，乃至讓人不滿意的地方。

很自然這樣的心意心境，帶領我比較注意這期幾首「旅遊詩」。（對詩人而言，詩寫勝景不一定是到了現地旅遊，而是一種「造境」，創造一種境界，這是寫作方法，如水中之月、鏡中之象、雪中芭蕉，這樣的作品在詩詞中不計其數。）我乘著這些詩的行腳，神遊祖國勝景，享受詩境盛筵。

〈喀納斯素描〉　李朝潤

雲杉雲海雲霧，
綠山綠風綠湖，
在碧波與藍天之間，
無數彩色的花朵，
綴滿了夢幻的幕布。
眼前，一條芬芳的小路像玉帶蜿延起伏，
遠方，幾多牧民的氈房如蘑茹清新含露。

天籟般的歌聲裡，
蒼鷹剛勁地飛舞，
牛羊悠閒地散步，
歡樂的皮划艇漂流著浪漫的情愫。
啊，登上令人留連的觀魚台，
我們久久凝望，
期待將那冰川演繹的遠古之謎破譯解讀。
從額爾齊斯河到北冰洋，
從白樺林到白楊樹，
月亮灣中奔湧而出的千百里濤聲，
奏鳴著千萬年的雄渾與靈秀，青蔥與純樸，
層層疊疊為生命的今天和明天祈福
啊，喀納斯，
你是吉光閃耀的阿爾泰翡翠，
你是魅力無窮的人類淨土，

你更是大自然充滿神奇的寶庫。
啊，喀納斯，
願你以永遠的寧靜、聖潔和美麗，
構成世代家園始終精妙絕倫的畫圖。

喀納斯湖基本資料

位於中國新疆省布爾津縣北部，阿爾泰山脈西麓。南北長二十四公里，東西約二—三公里，形如彎月，湖面海拔一三七〇米，最深處約三百米，是中國最深的湖泊。古有人世「天堂」雅稱，蒙古語即「美麗富饒之秘境」，除風光迷人，古來亦有四大謎：湖怪、雲海佛光、浮木、變色之謎，吸引著各地旅遊者、探險者獵奇，更是世界著名旅遊勝地。

在湖邊就清楚看到阿爾泰七個自然景觀帶：黑鈣土草甸草原帶、山地灰黑土針闊葉林帶、山地漂灰土針葉林帶、亞高山草甸帶、高山草甸帶、冰沼土帶、永久冰雪帶。因此成為千百萬稀有動植物的家園，雲杉、冷杉、紅松、落葉松等，貂熊、馬鹿、盤羊、松雞、哲羅鮭、紅鱗鮭等奇珍異種，世界各地所未有。

片刻間景觀突變，雲海雲霧現眼前。「在碧波與藍天之間／無數彩色的花朵／綴滿了夢幻的幕布……」雨過天晴，水蒸汽從湖面升起，在林中原野散開，晨霧在四周徘徊，隨山風東飄西搖，這時的喀納斯正是仙境。所以詩人頌揚它是阿爾泰翡翠、人類淨土、大自然神秘寶庫。另一詩人也有喀納斯的雲。

〈喀納斯的雲〉 亞楠

這些來自天堂的音符
聖潔，柔潤如盛開的雪蓮
在喀納斯，潔白已經成為我們
靈魂的底色。風從很遠的地方吹來
雲也是我心中最美的風景
八月的那個午後
我在喀納斯藍色的幽夢裡

等待黃昏。想一想春天的那些故事
剛剛開始發芽
就像一棵微不足道的小草
只要有風輕拂它們也會亮出自己的歌喉
而我生活的伊犁
也能看到這麼潔白的雲朵
許多時候，它們總是和大山連在一起
靜靜地守望，或者滋潤我們的心靈
我知道，如果沒有雲大地就會枯竭
人類也將在孤寂中墜入深淵

兩個詩人都寫到了喀納斯的雲，可見這裡的雲和世界各地不一樣，這雲是詩人「藍色的幽夢」。八月又是怎樣季節？喀納斯湖是寒溫帶，冬季達七個月之久，春秋兩季連結一起，全年無明顯夏天，六到十月氣候最宜人，最熱的七月平均溫度攝氏十六度。

雨水豐富讓這裡成為新疆的「綠世界」，李朝潤詩寫「**雲杉雲海雲霧／綠山綠風綠湖**」，真是一個奇綠世界，空氣中又有豐富的負離子。

小結這兩首詩述，雲、霧、綠、光線變化是喀納斯湖的「絕景」。夏日的湖水放射層層乳白色光華，秋天又呈湛藍黛綠色，有霧時湖面一片灰綠，有時更成「七彩湖」。「**我們久久凝望／期待將那冰川演繹的遠古之謎破譯解讀……構成世代家園始終精妙絕倫的畫圖**」。就等著你去解謎，你是旅行者探險者詩寫者！

多少去過喀納斯的人，都被那仙境般的湖光山色所醉迷不已。如是寧靜中的美麗，深深淨化了你的靈魂，怎會存在於人間？中國新疆省！

〈布達拉宮〉　魏霆聲

布達拉宮出現在面前
以往的震憾瞬間蒼白
原來，我們一直是浮光掠影的人
我們在天上，在天上……

關於布達拉宮的歷史略述

最早有關布達拉宮的記載約六世紀，開始大興土木則是七世紀，吐蕃第三十二代贊普松贊干布（文成公主就是嫁給他，出嫁時間是唐太宗貞觀十五年，公元六四一年春正月），遷都拉薩，築王宮於紅山頂居之。在八世紀赤松德贊時期，布達拉宮毀於雷電和兵災，僅存法王洞和超凡佛殿兩處，幸免於難的人物塑像，只有松贊干布、文成公主和赤尊公主。在毀棄中過了近一千年，到十七世紀，五世達賴阿旺羅桑嘉措，開始重新修建布達拉宮。

一六五二年，五世達賴應邀覲見順治皇帝，被冊封為「西天大善自在佛所領天下釋教普通瓦赤喇怛喇達賴喇嘛」，授予滿、漢、蒙、藏四種文字金冊、金印。此後，「達賴喇嘛」在西藏的政教領袖地位，正式確定下來，成為西藏的正式制度，布達拉宮也每代有增建維修。

目前的布達拉宮是一九三六年建格列頓覺殿，安放十三世達賴靈塔之規模。依紅山而建，海拔三七六三米，東西三六〇多米，南北一四〇米，建築共三・六平方千米，為世界十大土木石傑出建築之一。

四行詩短「**布達拉宮出現在面前／以往的震憾瞬間蒼白**」。詩人未到前，對這千年古殿已有些震憾，到了瞬間蒼白，這是受到突然的「驚嚇」，可見這布達拉宮是很「嚇人」的，這種驚嚇如禪師棒喝，突然頓悟。

頓悟到什麼？「**原來，我們一直是浮光掠影的人／我們在天上，在天上……**」。布達拉宮也被藏民視為最接近「天堂」的地方，詩人之意應是人生的虛幻，如白駒過隙，瞬間人就到了天庭！

魏霆聲另一首〈夜觀喜馬拉雅〉、李朝潤的〈吐魯番印象〉和〈賽里木湖情思〉，杜涯的多首詩等，都是祖國山河大地的愛戀詩寫，賞讀一首很有普遍性的。

〈無限〉　杜涯

我曾經去過一些地方
我見過青螺一樣的島嶼
東海上如同銀色玻璃的月光，後來我
看到大海在正午的陽光下茫茫流淌
我曾走在春暮的豫西山中，山民磨鐮、澆麥

蹲在門前，端看海碗，傻傻地望我
我看到油桐花在他們的庭院中
在山坡上正靜靜飄落
在秦嶺，我看到無名的花開了
又落了。我站在繁花下，想它們
一定是為著什麼事情
才來到這寂寞人間
我也曾走在數條江河邊，兩岸村落林立
人民種植，收割，吃飯，生病，老去
河水流去了，他們留下來，做夢，嘆息
後來我去到了高原，看到了永不化的雪峰
原始森林在不遠處綿延，沉默
我感到心中的淚水開始滴落
那一天我坐在雪峰下，望著天空湛藍
不知道為什麼會去到遙遠的雪山

就像以往的歲月中不知道為什麼
會去到其他地方
我記得有一年我坐在太行山上
晚風起了，夕陽開始沉落
連綿的群山在薄靄中漸漸隱去
我看到了西天閃耀的星光，接著在我頭頂
滿天的無邊的繁星開始永恆閃爍

艾青在〈我愛這土地〉一詩末兩行這麼說：「為什麼我的眼裡常含淚水？／因為我對這土地愛得深沉……」。（註一）而杜涯在〈無限〉這首詩寫著，「後來我去到了高原，看到了永不化的雪峰／原始森林在不遠處綿延，沉默／我感到心中的淚水開始滴落／……」。兩代相距才五十多年的詩人，對祖國大地深沉的愛，同樣都是「無限」的。（註二）這首〈無限〉，在林莽推薦新短詩十九首被列第九，推薦語說：「面對大海、山林、河流、雪峰和星空，以及古往今來的生命的誕生、存在和逝去，那種油然而生的感慨和惆悵，是生命永恆的嘆息。詩中語言沉郁、蒼涼，它觸及了人們心中潛在的深情。」（註三）如是有力棒喝人的「潛意識」，足可喚醒沉睡的人，這個杜涯是何許人也？（註四）她對神州大地的詩寫，和我同樣非經驗性的，而是形而上的熱愛，思想性的心靈遊蹤。當然，就詩學而論，依然是「詩言志」的心理反應，反應出詩人志向和情感。

汪政在〈我該到哪裡去尋找詩情——杜涯詩歌談片〉一文，以概括式的評述說，杜涯的詩中缺乏地理上的識別因素，比如並沒有明顯的地域名稱和地標性的自然景觀。杜涯筆下的地方因而是一種大地方、泛地方，是心理的、美學的。這是從詩人的日常生活生成，一種風格性詩意空間與精神世界。（註五）這個說法，似乎是指「對這塊土地欠缺認同感」，若是，則成了負面評價。

我仔細讀了幾首杜涯的詩，〈無限〉、〈桃花〉、〈一個名字：花好月圓〉、〈北方的白楊樹〉、〈歲末為病中的母親而作〉，我卻有不同看。詩人已把「這塊土地」溶成她思想靈魂的構成要素，視同他的親人家人，已經不必再贅筆強調，這是我父親！這是我母親，多此一舉。但仍在有些地方自然的提到「地理上的識別」，如〈北方的白楊樹〉，「有一年秋天，我從平頂山回許昌」；〈無限〉一詩裡，「我曾走在春暮的豫西山中……在秦嶺……不知道為什麼會去到遙遠的雪山……我記得有一年我坐在太行山上」。這些都有鮮明的地理識別，已經呈現她對這塊土地人文的認同感，是刻骨銘心了！

其他沒有明顯「地理識別」的詩，意境和意象也很鮮明是「中國式的詩歌」。如〈桃花〉詩，「那個春天，我記住了桃花／還有紙灰　墳墓　大人們的淚水」；〈一個名字：花好月圓〉一詩，「貼一年畫：一輪圓月和幾株盛開牡丹／它的名字是一種美好／花好月圓……那時我未長大，南山未老」；〈偏遠〉一詩，「天然莊嚴的城池，肅穆的城邦／或者就是——它本來就是：／世界的中央」。這是多麼的潛在認同感，多麼強烈的民族自信心，中國，就是世界的中央，全球「中國化」正在步步形成，到時世界將又怎樣？

假如從一首詩中抽掉所有明顯的「地理識別」，那麼，區別這首詩到底是中國詩、西洋詩或東洋詩，只剩下「意境」的美學特質。意境，是中國詩歌、文學藝術的理想和審美追求，是中國詩最深刻的本體和藝術靈魂，中國詩和外國詩本質上的不同，僅在意境二字。

孫友田的詩很有「地理識別」和中國詩歌意境的美感，如〈高原情思〉、〈碑林〉、〈六朝松〉、〈古瓷片〉等。賞讀〈高原情思〉。

〈高原情思〉　孫友田

一幅渾厚蒼涼的油畫
懸掛在中國西部
一首感動蒼生的民歌
流傳在中國西部

這裡的天空不喜歡落雨
正如這裡的漢子
不喜歡流淚

這裡的種子擁抱著黃土
一發芽就開花
讓彩色不是夢

這裡的樹苗都站成林帶
綠葉向風沙抖開鎖鏈

用溫柔制服強暴

這裡的河流是黃皮膚的龍
游動著遠古的傳說
游動著現代的傳奇
游動著塞上江南的琴音
游動著沙漠綠洲的舞曲

這是一首神州讚歌，隨李朝潤和亞楠的詩意列車遊了喀納斯、吐魯番、賽里木湖，跟魏霆聲到了布達拉宮，杜涯的〈無限〉是有限度的全國快意掃描。現在參加孫友田的中國西部之旅，禮讚黃種民族的祖靈，體驗先民生存發展的艱難。

這片大地散發著渾厚蒼涼的美感，一望無垠，其大無外的天地油畫。傳唱千萬年的民歌，從遠古流傳至今，中國人飲水所思之源頭。

黃土高原少雨水，煅煉這裡的子民，如何在黃土沙漠中建設綠洲！開花結果。隨著中國「大西部開發」政策，許多現代化工程已改變西部古老的面貌。龍的傳人會永恆的在這片大地，創造傳奇史詩。

註釋

一 艾青，〈我愛這土地〉，高準，《中國大陸新詩評析》（一九一六——一九七九）（台北：文史哲出版社，一九八八年九月），頁二二三。

二 艾青還有〈雪落在中國土地上〉、〈北方〉、〈他起來了〉等詩，雖時代背景不同，但和杜涯發表在《揚子江》總七十七期作品，一種民族情感的深厚，讀來也讓人動容揮淚。

三 〈林莽推薦：十九首短新詩〉，《揚子江》詩刊二〇一二年第二期總第七七期（江蘇省作家協會，二〇一二年三月五日），頁三六——三八。

四 杜涯，女，一九六八年生於河南省許昌縣的鄉村。畢業於衛校護士專業，曾在醫院工作十年，現自由撰稿。一九八八年開始寫詩，有詩作散見於國內外詩報刊，詩作入選某些選本。曾參加《詩歌報月刊》第一屆「金秋詩會」、《詩刊》雜誌社第十八屆青春詩會。出版有詩集《風用它明亮的翅膀》、《杜涯詩選》，按《揚子江》總七十七期，頁三五。

五 汪政，〈我該到哪裡去尋找詩情——杜涯詩歌談片〉，《揚子江》總第七十七期，頁三一——三五。汪政，男，一九六一年八月生，江蘇海安人，現任職江蘇省作家協會，長期從事中國現當代文學研究。著有《湧動的潮汐》、《自我表達的激情》、《我們如何抵達現場》等。

第七章　新詩經典化　總第78期　經典欣賞

還未翻開，封面就印著「新詩十九首評選結果」，這所謂的「結果」就是定案了。從民初到現在一百年間，寫詩人口上看數百萬，創作的新詩總量超過一億首，選出十九詩家的十九首作品為代表性經典。不必多思考，也知道這十九人是巨星中的巨星，十九首詩是經典中的經典，可比美乃至超越「古詩十九首」，形成古今相互輝映的一場穿透時空藝術饗宴。是否如是呢？往昔在其他文章也常在思索這個問題。

翻一翻這期內容，有關新詩經典化是重點，像「首屆沙溪中國新詩論壇」這麼深入、慎重而有學術高度的研討會，在台灣文壇永遠不會出現，台灣文壇基本上是散沙，大家都只在自己的

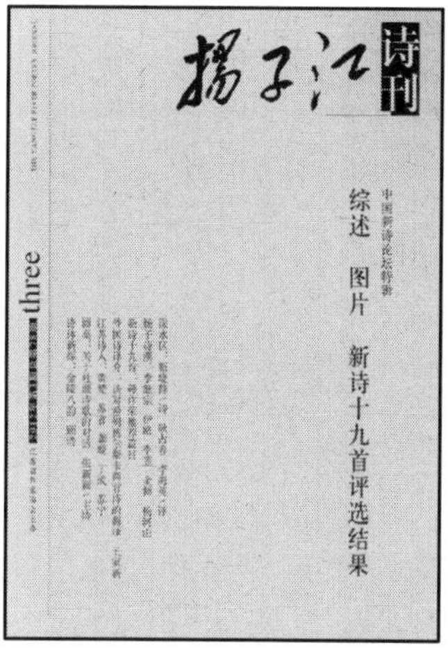

「小窩」裡玩，在小窩裡取暖並「相互提高」。所以，何同彬在這期《揚子江》，有〈我們在閱讀，我們在努力，我們沒有缺席：「首屆沙溪中國新詩論壇。新詩的經典化問題」研討會綜述〉一文，內容深值介紹給台灣新詩界，讓台灣新詩人也能慎重地正視「新詩經典化問題」。（註二）擇要如下。

首屆沙溪中國新詩論壇・新詩的經典化問題研討會

舉辦地點：江蘇省蘇州太倉沙溪鎮

舉辦時間：二〇一二年三月十至十一日

主辦承辦：江蘇省作家協會主辦，《揚子江》詩刊社、太倉市文聯、太倉詩歌學會和太倉市沙溪鎮人民政府承辦。

人員列舉：（頭銜均略）張王飛、汪政、子川、陳雪嶸、韓作榮、吳思敬、葉櫓、林莽、林建法、王光明、張洪波、劉福春、唐曉渡、耿占春、陳超、宗仁發、李少君、何言宏、何平、霍俊明、劉頲、陸梅、曉華、龔璇、胡弦、何同彬等。

論述簡介：首都師範大學中國新詩研究中心副主任、博士生導師吳思敬，對於新詩經典化問題有四點說明：㈠什麼是詩歌經典？怎樣界定詩歌經典？詩歌經典應該是凝聚了人類的美好情感和智慧，內容上有永恆性，藝術上有原創性和獨創性，能穿越時空，經得起不同時代讀者檢驗的文本。㈡經典是怎樣形成的？不是詩人自封或某權威欽定，它是以詩歌文本為基礎，不同讀者反覆閱讀中，評論家和研究者闡釋中，乃至在一定政治體制多重因素中形成。經典形成過程有兩類，一是「恆態經典」，已經被不同時代、不同讀者、不同評論研究者和不同民族所公認是經典，如《荷馬史詩》、李杜詩篇，這是「永恆的經典」。其次是「動態經典」，現在被認為是經典，尚未經長時間檢驗，這是我常提到的暫時性、假設性經典，新詩誕生才百年和古代詩歌幾千年比，很難形成恆態經典，只能是動態的、暫時的。㈢經典形成要素。文本是經典形成的基礎，過程中有讀者批評家的闡述，不可能完全避免體制和權力的參與，但要把非詩、非藝術因素排除，是考慮經典時的原則。㈣經典化過程隨著「去經典化」同時進行者，經典形成常要上千年檢驗才成恒態經典，有些作品隨著政治背景消失而失去成為經典的可能。這種經典化和去經典化，是相輔相成的過程。

吉林省作家協會副主席、《作家》雜誌主編宗仁發，從四個角度分析新詩經典化的困境：㈠新詩是在與古典詩歌截然斷裂的基礎上出現的，是處於一個草創階段。艾略特認為表達經典含意的詞，應該是成熟，在語言和文學都成熟才能誕生經典。㈡新詩是在完全模仿外國詩狀態下成長的。朱自清就說本來要創作新詩，不知不覺寫成了西洋詩，新詩從誕生到現在仍如是。㈢是一個無法回答的問題，時間究竟怎樣檢驗經典的誕生？布魯姆說要在作者去世後隔二代人，才能進行判定。吾以為，二代約五十年不夠，至少要四代約百年之後較佳，二代人可能弟子讀者仍在世！㈣文體的問題，百年來詩歌不是主流文體，且有邊緣性，這也不利詩歌的經典化。

新詩十九首評選結果：聞一多〈死水〉、戴望舒〈雨巷〉、徐志摩〈再別康橋〉、卞之琳〈斷章〉、艾青〈我愛這片土地〉、鄭敏〈金黃的稻束〉、瘂弦〈紅玉米〉、余光中〈鄉愁〉、北島〈回答〉、舒婷〈致橡樹〉、食指〈相信未來〉、曾卓〈懸崖邊的樹〉、洛夫〈邊界望鄉〉、芒克〈陽光中的向日葵〉、昌耀〈斯人〉、多多〈阿姆斯特丹的河流〉、海子〈面朝大海，春暖花開〉、王家新〈帕斯捷爾納克〉、張棗〈鏡中〉。

研討會總結：吳思敬教授做了三點總結：㈠建立了中國新詩論壇的機制，為當下中國詩歌理論的研究提供了新的平台，將會使我們的理論研究工作進一步深化、系統化。㈡第一次對中國新詩經典化作了專門探討，對諸種有關經典化問題，進行了很深入的對話，一定程度上有了共識。雖不能像經千百年形成的穩定經典，因此我們追求過程，是對我們這個時代詩歌成就的發現和檢驗。(三)新詩十九首的評選正好和新詩經典化研討構成互補，一個是理論探討，一個是操作層面的實際工作，這是一次實踐和賞試。

筆者對研討會總感覺缺少了什麼的一點補充

這新詩十九首是「中國新詩」，研討會各家也用「中國新詩」這個大前題(帽子)，但中國新詩的內涵或精神是什麼?即是「中國」，就是內涵的「限制」。例如，要不要具備民族性(中國性)?並未討論。宗仁發先生提到新詩是和傳統詩歌斷裂而誕生的，成長中完全模仿外國詩，本來要創作的，也不知不覺寫成了西洋詩，到現在也還這樣一個狀態。則，那新詩十九首，到底是「中國詩」還是「西洋詩」?

中國新詩是中國文學的一種文體，照理說「中國新詩」應有不同的內涵或精神，這是民族文學的特徵。打開世界文學，看看一些諾貝爾文學獎作品，都有作者所散發出來的「民族味」，完全不同於別種民族。那麼，中國新詩也應該有民族味，否則叫中國新詩、美國新詩、印度新詩……並無差別。

針對新詩十九首經典，賞讀幾首約已九十年時間的勝出者，仍算是動態經典，九十年約已隔至少三代人，有這麼長久的讀者、評論者和不同時代檢驗，已較有成為未來「恒態經典」的機會。聞一多的〈死水〉。（註二）

這是一溝絕望的死水，
清風吹不起半點漪淪。
不如多扔些破銅爛鐵，
爽性潑你的剩菜殘羹。

也許銅的要綠成翡翠，
鐵罐上銹出幾瓣桃花；
再讓油膩織一層羅綺，
黴菌給他蒸出些雲霞。

讓死水酵成一溝綠酒，

飄滿了珍珠似的白沫；
小珠們笑聲變成大珠，
又被偷酒的花蚊咬破。

那麼一溝絕望的死水，
也就誇得上幾分鮮明。
如果青蛙耐不住寂寞，
又算死水叫出了歌聲。

這是一溝絕望的死水，
這裡斷不是美的所在，
不如讓給醜惡來開墾，
看他造出個什麼世界

《晨報副刊．詩鐫》第三號，一九二六年四月十五日

〈死水〉是聞一多代表作，一九二八年他第二本詩集出版，以《死水》為詩集名

稱。〈死水〉實際上是詩人情緒形像的外化，是他對現實生活最深沉的不滿，反映了當時中國社會現狀，帝國主義侵略、軍閥內亂，而國人不知覺醒，社會上下一片腐敗，對國家絕望已極，整個中國有如一溝死水。這種可怕的情境，和魯迅所述，日俄戰爭在吾國大地開打，倭軍砍中國人頭，一群中國百姓看著，沒有任何反應，同樣的「死水」。

詩人活在「死水」中，感到「死水」的惡壞，他於是揭露「死水」，詛咒「死水」，卻無力改善「死水」，眼看未來仍被「死水」腐敗的統治，詩人的痛苦達到頂點。他失望之極，乾脆把世界讓給醜惡去統治，看世界最後要成為什麼！

這首詩的主題思想除了突出當時中國的政經社會困境，描寫手法很技巧的用了「二元對立」，增強了衝擊力道。在死水中竟有了「翡翠、桃花、羅綺、雲霞」，第四節又有了「鮮明」意象，更有青蛙的歌聲。凡此，說翡翠即非翡翠，說桃花亦非桃花……鮮明也非鮮明，歌聲應是哀鳴了。這是詩的「空靈」空間，極高之境界，美醜並列產生強烈對照效果。

〈死水〉反應一個大時代的困局和難解的問題，並和廣大人民的心聲合而為一，詩人的不滿同時也是人民的不滿。正如杜甫寫「朱門酒肉臭、路有凍死骨」，是那個時代的「詩史」，〈死水〉是民初的詩史，乃至「正史」，確是經典。再經兩百年檢驗，很有機會進位到「恒態經典」。再賞讀戴望舒〈雨巷〉。（註三）

撐著油紙傘，獨自
彷徨在悠長，悠長，
又寂寥的雨巷
我希望逢著
一個丁香一樣地
結著愁怨的姑娘。

她是有
丁香一樣的顏色，
丁香一樣的芬芳，
丁香一樣的憂愁，
在雨中哀怨，
哀怨又彷徨；

她彷徨在這寂寥的雨巷，

撐著油紙傘，
像我一樣，
像我一樣地
默默彳亍著，
冷漠，淒清，又惆悵。

她靜靜地走近
走近，又投出
太息一般的眼光，
她飄過
像夢一般地，
像夢一般地淒婉迷茫。

像夢中飄
一枝丁香地，
我身邊飄過這女郎：
她靜默地遠了，遠了，

到了頹圮的籬牆，
走盡這雨巷。

在雨的哀曲裡，
消了她的顏色，
散了她的芬芳，
消散了，甚至她的
太息般的眼光，
她丁香般的惆悵。

撐著油紙傘，獨自
彷徨在悠長，悠長
又寂寥的雨巷，
我希望飄過
一個丁香一樣地
結著愁怨的姑娘。

《小說月報》第十九卷第八號，一九二八年八月十日這首詩作於一九二五年，至今（二〇一七年底），歷經九十二年的檢驗，依然是現當代中國詩壇的「勝利組」。全詩從頭到尾似乎沒說什麼！有什麼理由成為不敗之經典？即非大時代的歌聲，也非人民的心聲，台灣詩人兼詩評家高準先生，在他的《中國大陸新詩評析》巨著，有所論述，正負評價都有。

〈雨巷〉創作時，戴望舒才二十歲，即獲得「雨巷詩人」之美名，詩境如在春雨般的朦朧，如夢如幻，散發著淒清和柔情的美感。其詞句清麗而又感覺空靈，如濛濛細雨中的倩影，音調柔和自然，直如仙境。

數十年來的詩壇對這首詩也有不同檢驗，這是好現象，經典必須在不同讀者、不同評論者和不同年代的無情檢驗，過五關斬六將下，始有成經典的機會。一九八〇年，卞之琳在《戴望舒詩集》的序說：（註四）

〈雨巷〉讀起來好像舊詩名句「丁香空結雨中愁」的現代白話版的擴充或「稀釋」，一種迴蕩的旋律和一種流暢的節奏，確乎在每節六行、各行長短不一，大體在一定間隔重覆一個韵的一共七節詩裡，貫徹始終。用慣了的意象和用濫了的詞藻，卻更使這首詩的成功顯得淺易、浮泛。

評論有些嚴苛，可謂切中要害，但要打敗千百萬首詩，成就經典，本來就是要經歷一場場嚴厲的戰役，最後的勝出者才叫經典。另一詩評家呂進（曾任重慶西南大學新詩所所長），針對卞之琳評論說，卞之琳之說固然「是對的」，「但還需指出，在這古老的、甚至是用爛了的形像中，詩人灌注了『現代』感情，加上這首詩流暢的節奏、回環往覆的音韻美，這正是〈雨巷〉能找到共鳴者的原因。」使得〈雨巷〉仍受後世傳頌。

戴望舒的後期作品，較有民族和社會意識。但總的來說，他的成就仍是有限。除了卞之琳評論他對漢語運用缺少乾脆、簡煉，不夠自然；余光中也認為他的詩意境空洞，字句時則有贅詞而不夠精鍊。

或許正如這次「沙溪中國新詩論壇」，詩評家提到的新詩誕生至今不足百年，與古典詩歌發展數千年相較，新詩仍在「草創階段」，許多作品的評價極為兩極。〈雨巷〉經九十年檢驗，能打敗無數詩家作品，暫時被假設為一首「動態經典」，已算不簡單了。這是從我一個普通讀者的看法，每個人的欣賞角度不同，很難客觀、公正，只有「時間判官」是完全客觀公正的。

《揚子江》總第七十八期，除了入選的十九首經典，其他我看來也有經典。韓作榮推薦郭沫若〈夜步十里松原〉、臧克家〈有的人〉、艾青〈我愛這土地〉、卞之琳〈淘汽〉、商禽〈滅火機〉、北島〈古寺〉、牛漢〈半棵樹〉等，靳曉靜的詩等都是，都有機會成為「動態經典」。

註釋

一 何同彬，〈我們在閱讀，我們在努力，我們沒有缺席：「首屆沙溪中國新詩論壇。新詩的經典化問題」研討會綜述〉，《揚子江》詩刊，二〇一二年第三期總第78期（南京：《揚子江》詩刊編輯部出版，二〇一二年五月五日），頁三〇—三五。

二 金尚浩，《中國早期三大新詩人研究》（台北：文史哲出版社，民國八十九年七月），第四章第四節，〈聞一多詩的主題探討〉。

三 戴望舒，〈雨巷〉，高準，《中國大陸新詩評析》（一九一六—一九七九）（台北：文史哲出版社，一九八八年九月），頁一三三—一三八。

四 同註三書，頁一三七。

第八章　總第79期　底層詩寫與苦難關懷

一打開這期，又有宗仁發（按78期他是吉林省作家協會副主席、《作家》雜誌主編）推薦，短新詩十九首，有不同於前面各期篇目，分別是：劉半農〈情歌〉、戴望舒〈雨巷〉、徐志摩〈再別康橋〉、卞之琳〈斷章〉、食指〈這是四點零八分的北京〉、曾卓〈懸崖邊的樹〉、余光中〈鄉愁〉、牛漢〈華南虎〉、舒婷〈致橡樹〉、北島〈回答〉、顧城〈一代人〉、王小妮〈碾子溝裡・蹲著一個石匠〉、韓東〈有關大雁塔〉、歐陽江河〈漢英之間〉、海子〈面朝大海・春暖花開〉、于堅〈對一隻烏鴉的命名〉、小海〈北凌河〉、桑克〈雪的教育〉、翟永明〈雛妓〉。這些是

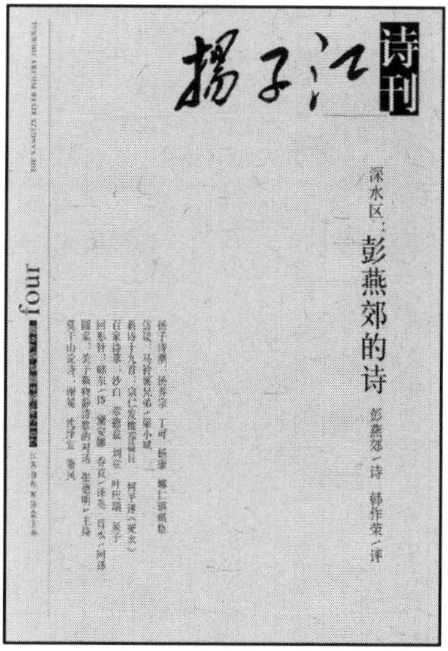

「動態經典」，要邁向「恒態經典」，還有好幾百年的長路要走，詩人不辛苦，詩很辛苦！詩人最多走百年，詩要走數百乃至千年以上。

但這期有些詩讓我很感動的，是尚未被推薦成為「經典」的作品，關於底層詩寫和苦難關懷的詩。不知什麼原因？文學種類何其多，最有感染力，最能引人共鳴，悲劇和底層人民苦難始終高居「榜首」。這裡應該有不少研究空間，讓有興趣的人好好發揮。

任何社會都有一群生活在「金字塔」最底層的窮人，窮人中還有更窮的人，就算全世界最富裕的美國也有很多窮人，而且可能越來越嚴重。資本主義走下去就是兩極化，目前美國三個最有錢的富豪，資產等於半數以上的美國普通人口；而我們中國又如何呢？幾億窮人是絕對有的，世上如非洲、南美、印度、開發或低度開發中國家，不知還有多少億人的生活條件，只能用「悲慘」形容，無法想像的悲慘！

對於生活在「底層」的廣大人民群眾，不少詩人總是投以真情的關注。據筆者所知，大陸最有名的「底層詩寫詩人」，可能就是住在河南安陽有「中國平民詩人」美名的王學忠先生。他的十多本詩集全部是底層書寫，反映這群苦難人的心聲，也是全中國很多億人的心聲民意，我深受他的作品所感動，曾有兩本專著研究王學忠作品。

（註一）人間苦難太多，我雖無力去實際進行救苦救難的偉大事業，但我始終用筆用心去關注，這期《揚子江》的「底層詩」才會吸引我注意。賞讀丁可這首〈拾起一個飲料瓶子〉。（註二）

見到飲料瓶子就彎下腰去
這是主要由妻子黃二雲完成的
我們家庭的經典動作
在同樣向一個飲料瓶子表示親切時
我與黃二雲的彎腰幅度
保持了一致
一個飲料瓶子能賣一角錢
許多人不屑一顧
一角錢　僅僅是一穗麥子的身價
一角錢　支撐不住我想領著妻兒

去燈紅酒綠處坐坐的宿願
一角錢　鼓不起我勇氣的輪胎
滾向花園小區的售房部

但一角錢　積攢好多的一角錢
足以鼓舞我去市場挑選一小塊營養生活的脂肪
能使我比較自然地
在菜攤前蹲下
揉搓揉搓土豆上沾著的泥土

我的朋友啊　如果當著你的面
我彎下腰去　請不要嘲笑一個詩人
遲疑中的羞澀

一個飲料瓶子賣回的一角錢
將化為我們家庭動脈裡

一滴健康的血

丁可的詩有著深刻的底層和環保關環，很能引領讀者身歷其境，好像與詩人同在現場所見所感。〈一只紅塑料袋掛在樹枝上〉，突顯現代社會過度使用塑料的危害，詩意飽滿且手法幽默；〈給兒子寄上生活費〉詩，對窮父母要栽培兒女的無條件付出，真也是讓人動容的，中國的父母受傳統文化影響，可能是全世界父母對兒女付出最多的，可以用「犧牲享受、享受犧牲」形容。

〈西瓜爆炸〉感慨，〈我村的最後一頭驢子〉則感傷。寫得最好是這首〈伸進來的頭〉，把一個打掃廁所的小人物，心境情境寫得那麼傳神，每月才二百元報酬，春節又快到了，窮人家就靠這點錢過日子。但「**會計知道這頭伸進來的意／會計擺擺手說過兩天再來**」，好像也暗示會計欠缺同理心，對弱勢者不夠體貼。

〈拾起一個飲料瓶子〉，雖不如〈伸進來的頭〉有強大的感染力，但很自然，就是每個城市都有的場景，一些生活在底層靠拾破銅爛鐵維生的人，他們也有一個高雅而有尊嚴的名稱，叫「環保工作者」。

這首詩意也在提示大家對拾荒者要尊重，不要輕視了一個空瓶子的價值。「**一個**

飲料瓶子賣回的一角錢／將化為我們家庭動脈裡／一滴健康的血」，和天底下所有人身上健康的血是同樣重要的，這是詩最後產生的張力。貧窮人家靠拾荒維生，他們維持著一個健康的家庭，這就是對社會的貢獻。

楊康的詩可以統稱「礦工籲天錄」。在以煤為主要能源來源的年代（現在仍有少數地區），全球到處礦井災難，無不轟動全世界。而給礦工帶來身體上的傷害，可謂書之不盡，只能說礦工用生命換取工資，也讓一家老小有了「健康的成長」。礦工都是社會底層的貧窮者（大陸叫低端人口），由於各種原因沒有能力從事好工作，不得已只能當礦工了。

〈一粒塵埃落下來〉、〈這些器官還能用多久〉、〈一個喝醉酒的礦工躺在路邊〉、〈幾只蒼蠅在窰洞裡飛來飛去〉、〈父親把錢壓在煤塊下〉、〈每個村莊都有一個好聽的名字〉，這六首詩人以第一人稱寫「我和父親」的礦工生活詩記，〈他只要那麼一點點溫暖〉以第三人稱詩寫。第一人稱的「我」或「我父親」，表示自己就是情境中人，自己就是礦工之子，這會更能產生共鳴；或者，詩人忘身、忘我，物化入境，主體和客體合一了，意境也就誕生了。賞讀〈這些器官還能用多久〉。（註三）

父親的眼角布滿血絲
他的目光深邃，焦慮，而又堅毅
左眼皮上縫合過的痕跡十分明顯
父親說，沒有哪一個礦工是不帶傷的
他全身上下每一寸肌膚
都曾經與煤塊發生過摩擦和碰撞

他的牙齒有些鬆動了
清晨和傍晚，他咳得不停
我知道，他的肺部不太順暢
一個小小的感冒，也讓一個男人
柔弱了很多。我又想起
父親十多年前患過的甲肝
他喝了那麼多酒，抽過那麼多煙
父親身體裡的每一個器官

都超負荷地工作著
我不知道父親體內的這些器官
還能用多久。我生怕某一天
父親體內的哪個器官
像礦井裡上升的罐車一樣
升到一半，又掉下去

詩人以礦工之子立場寫這首詩（或實際也是），透露出幾個重要訊息，二十行詩出現六個「父親」稱謂，這是親情孝心的散發，很有感染力。顯示孩子對父親的敬重和焦慮，孩子極為關心父親的身體。老父體內器官都超負荷，「我生怕某一天／父親體內的哪個器官／像礦井裡上升的罐車一樣／升到一半，又掉下去」。壞了！垮了！死了！詩人是多麼操心！

再者，是父親所說的，「沒有哪一個礦工是不帶傷的」。這也說了礦場工作環境是很不安全的，礦工受傷成了「常態」，從另一面思考這個問題，就是那些礦場老闆（含各級政府負責機關），對礦工安全不夠重視。地球上的礦工災難時有所聞，每次災難死亡人數，往往數十乃至數百人，當一輩子礦工能保住老命已算幸福加幸運！

整體來看楊康這組「礦工籲天詩錄」，詩人除了散發人子孝心情懷，〈一個喝醉酒的礦工躺在路邊〉更體現一種悲憫精神，而「**只有礦工才會扶起礦工**」則有強烈的社會批判，難道其他人都見死不救嗎？這又成了什麼社會？是人的社會嗎？

〈幾只蒼繩在窑洞裡飛來飛去〉一詩，禮讚這位父親「眾生平等」觀，我判斷這位父親可能是佛教徒，或至少佛教信仰者。「**父親不會輕易拍死一只蒼繩……他們飛來飛去，和父親的東奔西走／是一樣的，都是為了混口飯吃**」。正巧，最近庭園中出現有老鼠，筆者去買個捕鼠籠，不到兩天竟捕到一隻「碩鼠」，也有感於牠們也是到處辛苦，找一口飯吃，不忍傷牠，乃放生於遠處山林野地，又正好讀到這首詩，極有同感共鳴。

彭燕郊的詩寫的雖不是底層窮人境況，卻是更大的災難，是整個國家、民族的災難，是全體人民的苦難。那不幸的年代裡，所有中國人的苦難凝聚成他的詩篇，他的一首詩是「百年中國苦難子民」的縮影，倭國瘋狂侵略吾國的一九四〇年代，彭燕郊寫了〈路斃〉。（註四）

結束了苦難的旅程
一個受傷的兵士倒斃在原野裡了
北風已吹乾他的屍體
他仰臥著
面徒然地朝向天空
再也不能感受
時間的運行，是怎樣地
以晝夜的交替
披示給萬物了

他那長久未剃的亂髮
凝聚著昨夜的霜花
梯形的肋骨袒裸在寒冷裡
被風吹向一邊的破舊的軍帽
破爛、潮濕得像剛才被野獸踐踏過一般
在他那灰白的嘴唇裂開的地方

露出他的沒有合攏的、姜黃的牙齒
好像仍舊是活的，仍舊
有許多話需要說出來……

什麼都沒有了，什麼都顯現出無常
在這裡，和他在一起的
只有過去，空虛，拋棄
寂滅，和黑色的凋零……

和飄引到悠遠的空中去的
家鄉的懷念
和永遠不會醒來的
那解放渴望所造成的
沉重的悲哀……

什麼都沒有了，什麼都離開他了
在這裡，和他在一起的

只有風，昆蟲，磷火
和彌漫在原野上的
暗藍的雨霧了

成為一個消沒了的生命
和一個存在著的死亡
結束了痛苦的喘息
他倒斃在空漠的原野上
貪饞的原野啊
就要把他一口吞咽下去……

——明天春天
代替盛開在戰壕邊上的
血色的杜鵑
他那沒有完成的夢
將在他鄉的水田裡
綻放出無數

最初的
潔白的稻花來……

按韓作榮的〈彭燕郊現象〉一文。（註五）彭燕郊出生於一九二〇年，至今九十七歲。他一生顛沛流離，屢遭磨難，可能是面對太多災難，讓他有一顆悲天憫人心懷，才寫出〈路斃〉這樣感天地泣神鬼的作品。一九三八—一九四〇年，詩人曾是新四軍的一員，在政治部工作時開始寫詩，十八歲就在胡風主編的《七月》發表作品，在新四軍圖書室讀很多中外名著。

一九四〇年六月，他從戰地調到金華，在這裡結識了聶紺弩、辛勞、邵荃麟、葛琴和雪峰，在這些前輩的幫助和教誨，詩人決心「一生獻給文學」。此期間，他寫出〈路斃〉詩述傷兵慘死路邊，散文詩〈萎絕〉詩記難民慘死荒野，以及〈雨後〉、〈殯儀〉、〈半裸的村莊〉、〈陌生的女客〉等作品，這些都是民族戰爭之史詩，也是底層史詩。正如聶紺弩所言，是潛伏在人民的生活底層，心的底層，為一般人所不能看見的東西。

一九五五年彭燕郊因「胡風案」被捕入獄，文革又被囚，受盡苦難，人格被踐踏，人性被摧殘，靠詩歌拯救了他。六〇歲後又大量寫詩，〈家〉、〈鹽的甜味〉、〈一朵火焰〉、〈完美〉、〈雨〉、〈瀑布〉、〈鋼琴演奏〉等都是名篇，一九八九年定稿的〈混沌初開〉據聞最經典。按韓作榮在該文說，其形體真的化作煙塵，應是已移民西方極樂世界，他的詩仍在人世間流傳著。

「路斃」，一個傷兵死在路邊荒野，這是中華民族為抵抗倭國入侵，消滅倭人亡華美夢，所進行十四年反侵略戰爭，付出慘重代價的一個很小很小縮影。在這十四年的抗倭戰爭，中國人民因戰爭直接間接而死的總數，可能上達上億人，平民百姓「路斃」者不知幾千萬人！都因小日本鬼子從五百年前就啟動的「滅華」政策。

筆者可以很確定的說，廣大的中國人民不知道，就是上層人士，也沒有幾個中國人知道「日本為何一定要消滅中國」的根本原因！

原來倭國在德川家康和豐臣秀吉時代，這兩個野心家認為日本必須消滅中國，統一亞洲，建立「大日本帝國」，並將此一使命訂為「大和民族天命」，歷代不忘完成的「建國大業」。為完成此一「天命」，倭人數百年來已發動三次大型「滅華之戰」，第一次我國明萬曆時「中日朝鮮七年之戰」，第二次滿清時「甲午之戰」，第三次最近的民國「十四年對日抗戰」。很多的中國人不知道這些，更不知道日本人早已在準備啟動「第四次消滅支那之戰」，仍在醉生夢死的媚日旅日夯日追日劇，實在不知死活！不知長進！

筆者多年來，為喚醒所有中國人，起來對抗「倭人天命」，我亦倡導「中國天命」，要在本世紀內（越早越好），適當時機（戰機成熟）以核武消滅日本國，收該列島為中國扶桑省，從此以後亞洲便永久和平。這是中國人在廿一世紀內必須完成的「民族天命」，不論那一代中國人要知道這項民族使命，儘早完成，實際上只是完成元朝未完成的民族大業。

以現代核武，日本列島北中南約四顆核彈可消滅半數人口，剩下的強制分散遷到亞洲內陸、西伯利亞等地，開放各國多餘人口遷到「中國扶桑省」。不出數十年，地球上所謂「大和民族」便完全消失，我著書立說倡導此一中國「民族天命」，將書寄到全中國數百大學圖書館。（註六）希望有更多中國人知道自己是有「天命」要完成的，天命無關人權或仁慈的質疑。

核武或傳統武力消滅日本，必然造成幾千萬倭人死傷，這其實無關人權或慈悲等事，按佛法因果律或世間公平正義法，日本人發動三大戰爭加上小型之戰，各方死人幾億，這些遲早會有報應，現在日本總人口只不過剛好「抵命」。所謂因果報應，不是不報，時候未到！

讀〈路斃〉一詩，讓我情緒再夯，重伸我倡導多年的「中國人的天命」。只有因果律得到應有的果（倭人亡國亡族），那萬萬億億被日本人搞死的人，才會是真正的安息，世界才真的和平。

註釋

一 筆者研究「中國平民詩人王學忠」兩部專著：《中國當代平民詩人王學忠》（二〇一二年）、《王學忠籲天詩錄》（二〇一五年），兩本都是台北文史哲出版社出版。

二 丁可，〈拾起一個飲料瓶子〉，《揚子江》詩刊二〇一二年第四期，總第七十九期（南京：《揚子江》詩刊編輯部，二〇一二年七月五日），頁七。

三 楊康，〈這些器官還能用多久〉，同註二，頁九。

四 彭燕郊，〈路斃〉，同註二，頁二三—二四。

五 韓作榮，〈彭燕郊現象〉，同註二，頁二八—三二。

六 陳福成，《日本問題終極處理：廿一世紀中國人的天命與扶桑省建設要綱》（台北：文史哲出版社，二〇一三年七月）。

第九章　總第81期　尋找詩人的理想國

這期又有「新詩十九首」，張清華所推薦。有已重復多期出現過的，表示可能就向「恒態經典」靠近一步；有新出現的作品，也是進一步受到肯定。

辦理「新詩十九首」（短詩）選拔，以和「古詩十九首」相對應，這是現代文學盛事。或許這不是一代人可以完成定案，至少象徵這一代人在新詩的努力過程和美學風格。因此，也讓此項壯舉在本書留下足跡，向這些經典作者學習致敬：郭沫若〈鳳凰涅盤〉、聞一多〈死水〉、徐志摩〈我不知道風是哪一個方向吹〉、李金髮〈棄婦〉、戴望舒〈雨巷〉、艾青〈大堰河——我的保姆〉、艾青

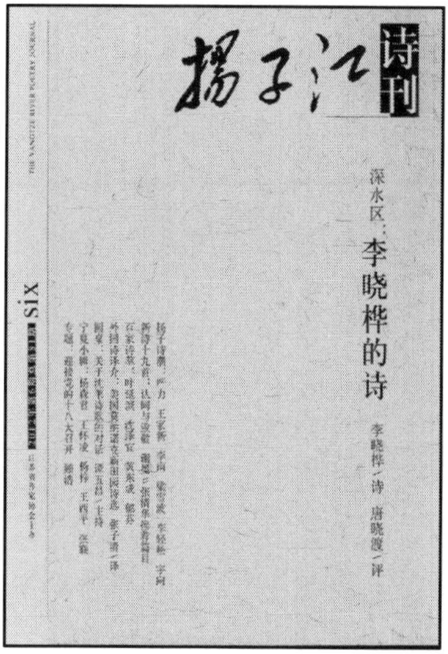

〈我愛這土地〉、馮至〈十四行詩・第一首〉、鄭敏〈金黃的稻禾〉、穆旦〈詩八首〉、根子〈三月與末日〉、食指〈瘋狗〉、北島〈回答〉、海子〈九月〉、海子〈四姐妹〉、歐陽江河〈傍晚穿過廣場〉、李亞偉〈中文系〉、翟永明〈女人・母親〉、西川〈十二只天鵝〉。

佛法上說，一花一世界，一葉一如來，詩何嘗不是！也是一詩一世界，每個詩人都有他心中的理想國，差別只在圖像是否明確？還有理想國理不理想？有的確實理想，可以吸引很多人要來入住或觀光（讀者粉絲多）；有的可能未必真理想，只是一人之國，如一人公司，但只要他一個人玩的快樂也好。就像這個世界上，有的國家十多億人口，有的僅幾千幾萬，甚至幾人之國。柳袁照這首〈建一座自己的園子在原上〉，是怎樣的理想國？（註一）

塵世的園林太小巧
我要建一座自己的園子在原上
拆去圍牆

讓風吹進來

上午有雨
下午有雪
晚上賞月
在天地的轉角建一條回廊

種五百石榴樹
再種五百桂花樹
進口處即出口處
古木交柯

臨水建十萬湖石假山
山水是夢鄉
再放三萬六千鴛鴦
煙霞散去星光依舊

「塵世的園林太小巧／我要建一座……」詩人要說的不是世間園林太小，世界上超級大的園林不計其數，多數是詩人沒去過的，為何還說太小？詩人要說的是不論多大也是有限的。就算有個園林和地球同樣大，和太陽一樣大好了，也還是有限的，詩人要的是一個無限，讓想像力無限擴張，無限飛翔，沒有阻隔（圍牆），沒有邊界，這才是詩人的理想國。

詩另三段是詩人想在這理想的園林中，要進行的造景工程，天地轉角建一回廊、種多少花木，養多少鴛鴦……都是詩人的築夢構思，有夢最美，通常人在現實世界所不可能得到，才會有如夢如幻的詩境中獲得，這是一種心理投射。

在現代社會，寫詩是一種情緒上重要的「出口」，也就是古人所謂的「抒情言志」。但現代社會太複雜，壓力太多太大，我們會比古人更需要各種出口，否則心中的不滿積壓太多會生病，我們古人更需要得到「解放」，不論那一種解放，心靈的、幻想的或真實的，都好！就是要解放於自己的理想國。柳袁照另一首詩，〈給我一只船吧〉。（註二）我要去遠航，解放！

給我一只船吧

我要去遠航
若說不行
就給我一塊甲板
讓海風吹我
讓海浪推我

連這也不行
就把我拋入大海
只要有一條魚
讓它帶著我
我會把它
當作我的一條船
連這也不行
就讓我在海上漂泊
只要有陽光

我就躺在海鷗飛翔的海面上
給我——你的愛吧
那是我的船
我的甲板
我的大海
我的陽光
我要躺在你的心海上
去遠航

去遠航即去流浪，為什麼要去流浪？因為眼前一切現況都不滿，很多歌或故事都唱著「在那遙遠的地方」，那裡有一切的美好。這到底好不好？有人說不滿是社會進步的泉源，人永遠在追求「最滿意」的，沒有最滿意，只有更滿意，就整體國家社會而言，這是合乎邏輯的。

但對詩人而言，他在追求什麼？前兩段詩人不計後果就是要去流浪，無目的無方向去漂泊，按牛頓定律之一的反作用力推論，詩人對眼前是非常不滿的，才要自我放逐。為何不滿呢?也許答案在第三段，在真實的生活中太缺少愛了，所以要去尋找有愛的地方。

「給我——你的愛吧／那是我的船……我要躺在你的心海上／去遠航」。愛是我們的「法船」，有了愛我們就能「得渡」，渡到快樂滿意的「彼岸」，遠航就是為了找到愛。

郁芬一首〈夢境〉，寫的非常真實，相信這是一個真實的「事件」，幸好詩人有愛，乃得以救渡和救贖，否則那「被扼殺的孩子」將爆發怎樣的不滿？〈夢境〉讓人多麼感動！親情的愛突破時空和陰陽阻隔而呈現。（註三）

被扼殺在子宮的孩子
昨夜來到我的夢中
他乖巧懂事，在另一個世界成長
我見到他時，他穿一件小格子夾克衫
是我曾經描繪過的模樣
親愛的，他的眉眼像你
善良如我

他對我沒有恨意
小手緊緊地攥著我
也只是怕我一腳踩空掉下深淵
這個我無力在世上給他爭一席之地的孩子
通過夢境來和我相認
我抱起他，親他，幸福又往肉裡扎下了一厘米
而當他消失
我看到滿山都開出小白花

人世間自有人類以來，就充滿著苦難，個人的苦難，國家民族社會的苦難，種種無緣無故的災難（要追都有因，宇宙間沒有無因之果，人不能知其詳，唯佛能全知）。歐洲難民、敘利亞戰火、非洲飢民……新聞天天報導酒醉駕車撞死人的、隨機殺人的、不良少年縱火燒死一堆人的、醫療不當整死人的……所謂的「民主政治」社會，基本上是一種「極不安全的社會」，是人人自危的社會。科學家天天喊著警告「地球第六次大滅絕」，提早並加速來臨，資本主義為核心價值的民主政治制度正是禍首。說了

這些，和郁芬的詩有何關係？

人世間任何人所承受的苦難，若未經救贖、救渡、懺悔的慈悲對待，苦難造成怨恨，必隨三世流轉，因緣成熟找尋出口報復，這是因果律的道理。但若有如菩薩之慈悲，必能得到救渡，化解怨恨，得到心靈的安息。

在《揚子江》總第七十五期，有唐曉渡的〈娜佳：最後的絕望和最後的救贖〉。〈讀邵燕祥長詩《最後的獨白》〉一文，對於史達林的妻子娜捷日達・阿利盧耶娃之死，按文章所述是「舉槍自殺」，身為第一夫人選擇這樣死法，是多麼巨大的怨恨，這種怨恨會隨三世流轉。但透過邵燕祥長詩的慈悲論述和化解，唐曉渡在該文的結論有一段救渡安息文。（註四）

> 〈最後的獨白〉中詩人對主人公的精神世界表現出如此深刻的理解和同情（本義的同情），以至我有一個強烈的感覺，就靈魂而言，或許娜佳正是詩人的前世，而詩人正是娜佳的今生。
>
> 不管怎麼說，九泉之下的娜佳可以安息了：由於一個中國詩人，她自由的靈魂終得獲救並不朽，對於死於「最後的絕望」的她，還有什麼比這更大的告慰呢？

郁芬的詩以第一人稱詩寫，等於確認詩人和孩子的母子關係。「被扼殺在子宮中的孩子」，不論何種原因，這都是一個苦難，乃至災難，不是人類史上最嚴重，卻是母子最大的難。那孩子沒有任何怨恨嗎？媽媽也沒有怨恨嗎？若說沒有是不合理的，「昨夜來到我的夢中／他乖巧懂事，在另一個世界成長……善良如我／他對我沒有恨意……我抱起他，親他，幸福又往肉裡扎下了一厘米」。所有的怨恨是被彼此的善良化解了，「而當他消失／我看到滿山都開出小白花」，母子雙雙都超越了災難，邁向更美好的未來，滿山開出小白花象徵燦爛、純潔和希望，如春之來臨，這更是救渡了。〈最後的獨白〉裡的娜佳可以安息了，對於死于「最後的絕望」的她，以及「被扼殺在子宮的孩子」，還有什麼比這更大的告慰呢？

每個詩人都有一個理想國，想要讓一首詩成為一個理想的世界，就是不理想也要設法成為理想，成為詩人想要的樣子。所以，「神，以自己的形象創造了人。人，也要以自己的形象創造詩！」（註五）如詩刊的其他詩人，也是以自己的形象創造了詩。但很多詩是超越自己的形象，而是全民族全社會的形象，賞讀吳奔星的名作〈保衛南京〉。（註六）

南京，堂皇的京城，
「四百兆」人民，一條心，
咿唉呀！保衛「南京」！

南京，美麗的盛京，
遠則宋，齊，梁，陳，
近則民國之誕生；
一草一木，一沙一石，
都染有我祖先的血腥，
我們要守衛，守衛南京，
莫辜負了締造之艱辛！

揚子江的浩浩蕩蕩，
紫金山的陰陰森森，
玄武湖的槳聲，
秦淮河的歌聲，
還有「二三百萬人」的熙來攘往，

看看將染海島之氣氛，
任你鐵石為心，也應速起干城！

聽！陣陣轟隆聲，
看！群群大和兵，
洶洶湧湧，將毀滅我們這「都城」！
紫金山上白楊蕭蕭，
隱隱約約，地下發出一片呻吟：
「四百兆」子孫，
起！起！起！死守「南京」！

南京，堂堂的京城，
「四百兆」人民，一條心，
咿唉呀！保衛「南京」！

一九三七年十一月廿五日上午寫於南郊

吳奔星這首〈保衛南京〉，放在這期《揚子江》最前頭，紀念詩人百歲誕辰。（註七）這首詩發表於一九三七年十二月二日黎澍主編的《火線下》（三日刊），距離倭軍攻陷南京，造成我中華民族近代最巨大的災難「南京大屠殺」，僅僅十一天。新詩史家認為，當時以「保衛南京」為題的新詩作品，目前能夠確認的，只此一首，不但詩藝價值高，也有一定的史料價值。

前面講到災難的救贖救渡，必須透過慈悲懺悔，主要是加害者，若加害者事後有了慈悲懺悔，受難者便可以平息安息，怨恨不再流傳。若加害者（如殺人犯）死不懺悔，受難者便難以安息，難以救渡，靠宗教超渡（如佛教法會），余以為效果有限。因此，像南京大屠殺受難者，至今尚未得到救渡，怨魂難以平息安息，就是因為加害者（日本）至今不認罪、不道歉、不懺悔，所謂大和民族，其實是很邪惡的民族。筆者在很多地方行於文字、著書立說，主張本世紀內中國人應以核武消滅倭國，收服該列島為「中國扶桑省」。（註八）從此亞洲永久和平。

一詩一世界，每個詩人心中有一座理想國，有一些理想要實踐。但透過詩歌而能產生救贖力量的，這樣的作品是極少極稀有的，若有，必是經典。

註釋

一 柳袁照，〈建一座自己的園子在原上〉，《揚子江》詩刊二〇一二年第六期，總第八十一期（南京：《揚子江》詩刊編輯部，二〇一二年十一月五日），頁五四。

二 柳袁照，〈給我一只船吧〉，同註一，頁五五。

三 郁芬，〈夢境〉，同註一，頁五四。

四 唐曉渡，〈娜佳：最後的絕望和最後的救贖〉，讀邵燕祥長詩《最後的獨》，《揚子江》詩刊二〇一一年第六期，總第七十五期（南京：《揚子江》詩刊編輯部，二〇一一年十一月五日），頁二七——三三；邵燕祥〈最後的獨白〉，頁二〇——二六。

五 蕭蕭，《現代詩縱橫觀》（台北：文史哲出版社，民國八十九年二月），頁一七。

六 吳奔星，〈保衛南京〉，同註一，封面內扉頁。

七 吳奔星（一九一三——二〇〇四），湖南省安化縣人。詩人、學者、教授。二十世紀三〇年代現代派詩歌代表詩人之一，〈曉望〉、〈都市是死海〉、〈小鳥辭〉、〈門裡關著一個春天〉、〈別〉等是他的代表作。

八 陳福成，《日本問題終極處理：廿一世紀中國人的天命與扶桑省建設要綱》（台北：文史哲出版社，二〇一三年七月）。

第十章 賞讀一些小品 總第83期

這期黃禮孩推薦的新詩十九首，大約是全新的一批，所有大師級名家，郭沫若、徐志摩、聞一多、李金髮、戴望舒、艾青、北島、余光中等，在前幾期都榜上有名，在這期全部出局。是否表示這批是最經典的？

這期的新經典是：馮至〈我們準備著〉、鄭敏〈金黃的稻束〉、彭燕郊〈一朵火焰一呈孟可〉、翟永明〈在古代〉、西川〈在哈爾盍仰望星空〉、藍藍〈野葵花〉、陳先發〈前世〉、東蕩子〈宣讀你內心那最後一頁〉、魯西西〈喜悅〉、娜夜〈起風了〉、蘇淺〈陷在一首詩裡〉、丁麗英〈懮郁〉、安石榴〈紅的漆、黑的漆、白的漆……

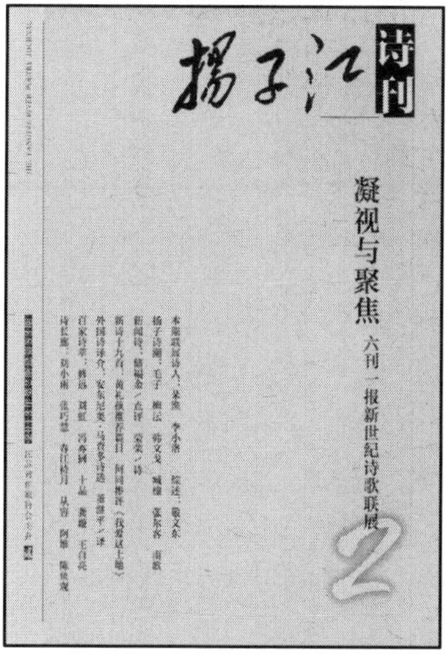

（給漆詩歌沙龍）〉、蔣浩〈海的形狀〉、代薇〈一間布匹店〉、杜涯〈高處〉、張棗〈鏡中〉、俞心焦〈墓志銘〉、啞石〈進山〉。

杜涯、張棗、馮至、鄭敏、彭燕郊、西川、翟永明等，在前面各期入選過，其他是新入選者。

兩岸詩壇都曾流行過短詩、微型詩，例如一行詩、二行詩、三行詩等。但何謂短詩？從來沒有共同的界定，通常十多行內都可視為短詩，《揚子江》詩刊推薦的短詩十九首，以三十行內為準，這是權宜之界定。本期我就專找短詩（從行數最少）寫點東西，楊詩斌的三行詩〈一個人憑欄看日落〉。（註一）

夕陽，仿佛一個做錯了事的孩子
滿臉通紅，此時于你
我有了羞愧之心

夕陽和做錯事的孩子連接，兩者都面紅耳赤，有共同的形象和意象，但「我有了羞愧之心」句，如何和落日連接？詩題是一個人憑欄看日落，這是孤獨寂寞的心境，詩人為何一個人看日落？八成是心中有事。人通常不會一個人去看日落（筆者亦有此經驗），通常二人（朋友、情侶）。所以，一人看日落，又感羞愧，應該是因為沒有善用一日光陰，就已到了夕陽西沉，感覺對不起上天給他的這寶貴的一天。

這首詩前一行半是客觀景物的比喻，後一行半是主觀內心世界之感悟，內外沒有「橋梁」可以連結。只有用「跳躍」產生的想像做橋梁，才能產生結構上的完整。

四行詩只有卞之琳的〈斷章〉，有劉希龍的書法，是一首有名的詩，歷來我聽過詩壇傳頌這首詩。卞之琳的《慰勞信集》、《十年詩草》、《雕蟲紀錄》也都有不錯的評價。賞讀〈斷章〉。（註二）

你站在橋上看風景，
看風景的人在樓上看你。
明月裝飾了你的窗子，
你裝飾了別人的夢。

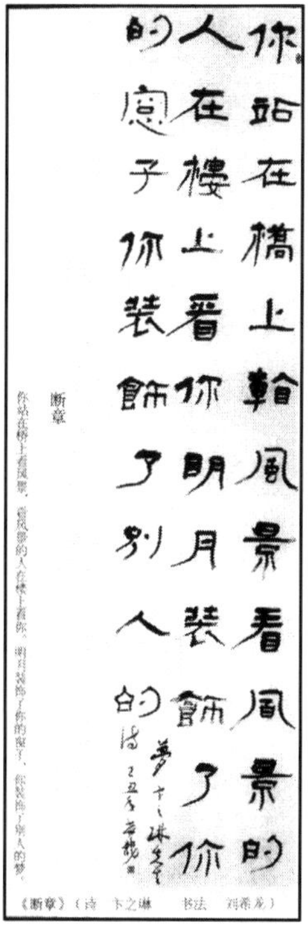
你站在橋上看風景看風景的
人在樓上看你明月裝飾了你
的窗子你裝飾了別人的夢
斷章
《斷章》（詩 卞之琳 书法 刘希龙）

這首詩有很美的圖像意境，也有很高的哲學思想，而「斷章」名之，是一種警示，提醒我們每個人都只是山河大地，乃至宇宙，極微小又不可或缺的一部份。若沒有你，整幅風景會有所失，也可能使別人的夢有所缺，可見你雖微小卻也是重要角色，應有宏觀整體思維，不要處處「斷章」取義，如是自我「矮化」甚為可惜。

這首詩也可以從佛法因緣觀解讀。二千多年前，釋迦牟尼佛在菩提樹下金剛座上，夜觀燦爛星空，最初悟得「因緣法」，宇宙間萬事萬物，都是緣生則聚，緣散則滅，沒有獨立性（即任何事物都有因緣關係，無法獨立存在，如眾生、物質、花木、磚塊、沙、水、房子……都是緣起性空的。）「**你站在橋上看風景**」，是因緣成熟了，你與時間、交通工具、金錢、健康等「緣」都俱備了，你和客觀景物共構成一幅「風景」；而風景區不止你一人，還有別人也在看風景，「**看風景的人在樓上看你**」，大家共成一幅美景。

「**明月裝飾了你的窗子／你裝飾了別人的夢**」。星星、月亮、太陽還有宇宙一切，與我們是有因緣關係的，明月裝飾你的窗子，太陽給我們溫暖，植物給我們氧氣。而我們和眾生是有關的，工作對別人有影響，也裝飾了別人的夢，假如你我他都不工作了，很多人會夢碎，丟了飯碗，家庭解體了……

五行詩只有朵漁的〈高原上〉，一個小我二十多歲的年輕詩人。這首詩應該也可

以用六或七行表達，這是現代詩的問題，絕大多數行列是可改的，賞讀當然仍依照作者的五行。〈高原上〉。（註三）

當獅子抖動全身的月光，漫步在
黃葉枯草間，我的淚流下來。並不是感動，
而是一種深深的驚恐
來自那個高度，那輝煌的色彩，懮郁的眼神
和孤傲的心。

流淚，即非傷心，亦非感動，而是驚恐，很深的驚恐，這種驚恐必是被一種突然的感動所驚嚇，被震駭得哭了！很厲害吧！

原來是某個夜晚，詩人在高原上看見一隻獅子「抖動全身的月光，漫步在／黃葉枯草間」。這確實是一個驚恐的意象，還有「來自那個高度，那輝煌的色彩，懮郁的眼神／和孤傲的心」，這是突如其來的震懾，詩人被這天地間為什麼會有這樣的物種而震驚。但說獅子「孤傲的心」是合情合理合於實際，懮（同憂）郁（應是鬱）則存疑，永遠的山林霸主要憂鬱什麼？

六行詩有韓文戈的〈恍惚〉和張巧慧〈未命名的花〉，這兩首讀起來感覺很類似，都是一種對未知事物的「恍惚」感，只是一些感慨，說不上為什麼？

從前，看我們今天這般年紀的人
像遙望一座遠山
現在，看我們自己
如同看正從面前走過的少年
他們走到山腳下，與我們經歷過的一樣：
好奇地揣摩我們，像打量眼前某一座荒山

韓文戈，〈恍惚〉。（註四）

詩寫人生就這樣唏哩呼嚕過了幾十年，感覺很恍惚的樣子。童年時，看父母輩的人「像遙望一座遠山」，又大又不懂，要長到和他們一樣大是很久很遠的事。誰知道，瞬間自己也長大了，看看自己又像從前的少年，真是沒長進。眼前的少年和我們走過同樣的路，看我們也像在遠望一座遠山。

詩意似在暗示人類成長過程的共相，儘管一花一世界，一葉一如來，每個人都是不一樣的個體。但成長過程有部份都相同模式，每代人都不斷在重覆，沒有「進化」。張巧慧的六行詩又在說什麼？（註五）

黃昏，石徑。陌生的花正在凋零
——她經歷了什麼？如今這麼低
被神選中的人，被凡夫遺棄
無法命名的神秘的身世
我撿起她，輕輕攏在掌心
並不想向她打聽什麼

張巧慧，〈未命名的花〉

詩人想表達什麼？未命名的花正在凋謝，頭低得這麼低！未命名是尚未被人命名，尚未好好開展她的人生路，就這樣默默凋零（死了）。世上很多眾生，尚未開展人生路就結束了。如這凋零的花，詩人體貼她，攏於掌心並不去打聽什麼！最貼心的擁抱，更是最大的安慰，打聽尋問也可能是「二次傷害」。

或許詩人有感於人海眾生之中，也有很多未經命名就結束了人生，開始等於結束，根本沒有人生，那是「被神選中的人」嗎？對於這樣的命運，就只能給他無言的安慰了。

蘆葦被割淨之後
野鴨子們就離開了這裡
冬日的河面
清瘦得像一張書生的臉
仿佛有誰從水裡探出頭來
喊了一聲：「我在這裡」
一閃又消失了

楊詩斌，〈水邊〉。（註六）

七行詩的〈水邊〉又說了什麼？前兩行只是一種事實描述，詩意從「冬日的河面／清瘦得像一張書生的臉」開始。想想冬日河面情景，野鴨跑了，冷寒凜凜，「書生的臉」語意何在？文弱書生，不運動，少曬太陽，臉色蒼白不健康的意象。後三行讓人有些想像，仿佛有人從水中探出頭，喊一聲「我在這裡」又消失了，似乎暗示水邊太安靜了，靜得叫人疑神疑鬼，這是〈水邊〉詩意產生的張力，給人以想像空間。賞讀一首八行詩。（註七）

為了一種遼闊，我在黑色的句號裡蹲坐
仿佛皮膚被撫摸之後裂開的傷口
這窗子將我和世界融為一體
必然會有一只鳥
其飛翔的路徑在你和我之間
太陽像一粒可以咀嚼的梅子
如果再有一把星星溫熱了酒壺
我會安然於離你最遙遠的地方

張爾客，〈為了一種遼闊〉

我對所謂「朦朧詩」雖無研究，感覺上這首〈為了一種遼闊〉就是朦朧詩，因為處處都是不清不楚，不明不白。首先是結構思維的斷裂，在黑色的句號、傷口、窗子、鳥……行與行之間看不出有連接關係，整首詩看欠缺合理的結構性。其次是意象太奇兀閃跳，在黑色的句號裡蹲坐、窗子、太陽像可吃的梅……短詩意象太多顯得很散亂，且意象和意象接不起來，無法共築意境。再者，這首詩的理智線索不清，托物言志亦不明，故說朦朧詩。

惟如是解讀朦朧詩，便是否定了朦朧詩的存在價值。或許朦朧詩就像一幅朦朦朧朧的風景，不論畫或實景，景物如潑墨，霧氣朦朧，無法解讀（也不是給人解讀的）。只給人欣賞，欣賞一種朦朧！賞讀一首九行詩。（註八）

一遍又一遍，進入《青藏高原》……今夜
讓高處的風貼著芨芨草尖，把我送遠
回家去，回家去，我的行李只有失眠。
聽松濤和野菊花無聲湧動，聽目光盡頭
輕輕起落——鷹翅恣意的弧線
聽安靜中的遼闊，雪花的私語亦是天籟

我是迷途的羊羔，忽聞遙遠的呼喚
讓輕快的淚水驅趕聲色黏稠的世界
讓一支歌把我驅趕：高原在上，今夜。

《青藏高原》，可能是一首歌、某種作品，在台灣的出版編輯上，雙括號和單括號是有明顯區別的，但大陸的用法好像都一樣，易於混淆。詩人對青藏高原有著濃濃「鄉愁」，這種鄉愁不一定是詩人曾經住過青藏地區，而是對祖國山河大地那種深沉的愛。

正好這期有何同彬的評艾青〈我愛這土地〉一文。（註九）在《揚子江》和其他詩刊也常見艾青這首詩，詩最後兩行「**為什麼我的眼裡常含淚水？／因為我對這土地愛的深沉……**」，艾青的愛是針對整個祖國大地，當然也包含青藏。而劉虹的詩，「**我是迷途的羊羔，忽聞遙遠的呼喚／讓輕快的淚水驅趕聲色黏稠的世界**」，也一樣體現對祖國大地深沉的愛，青藏高原對詩人了「呼喚」，心靈對話產生一種「回歸」引力，詩人在青藏曾經有一份特殊的情感吧！

艾青的淚，劉虹的淚，引得我眼角潮濕，對於我這「生長在台灣的中國人」，聽

〈青藏高原〉，也等於通過劉虹心意，帶我神遊青藏高原，聽松濤歌唱，觀鷹翅在天空大展鴻圖，賞遼闊草原感受祖國的偉大。與劉虹不同的，她（？）是迷途的羊羔，我從來都不是。

十行詩，朵漁〈雨夾雪〉、〈聚集〉、〈寫小詩讓人發愁……〉多首，艾青〈我愛這土地〉最有名。賞讀老老詩人辛笛的〈風景〉，有汪政的書法。（註十）

列車軋在中國的肋骨上
一節接著一節社會問題
比鄰而居的是茅屋和田野間的墳
生活距離終點這樣近
夏天的土地綠得豐饒自然
兵士的新裝黃得舊褪淒慘
慣愛想一路來行過的地方
說不出生疏卻是一般的黯淡
瘦的耕牛和更瘦的人
都是病，不是風景

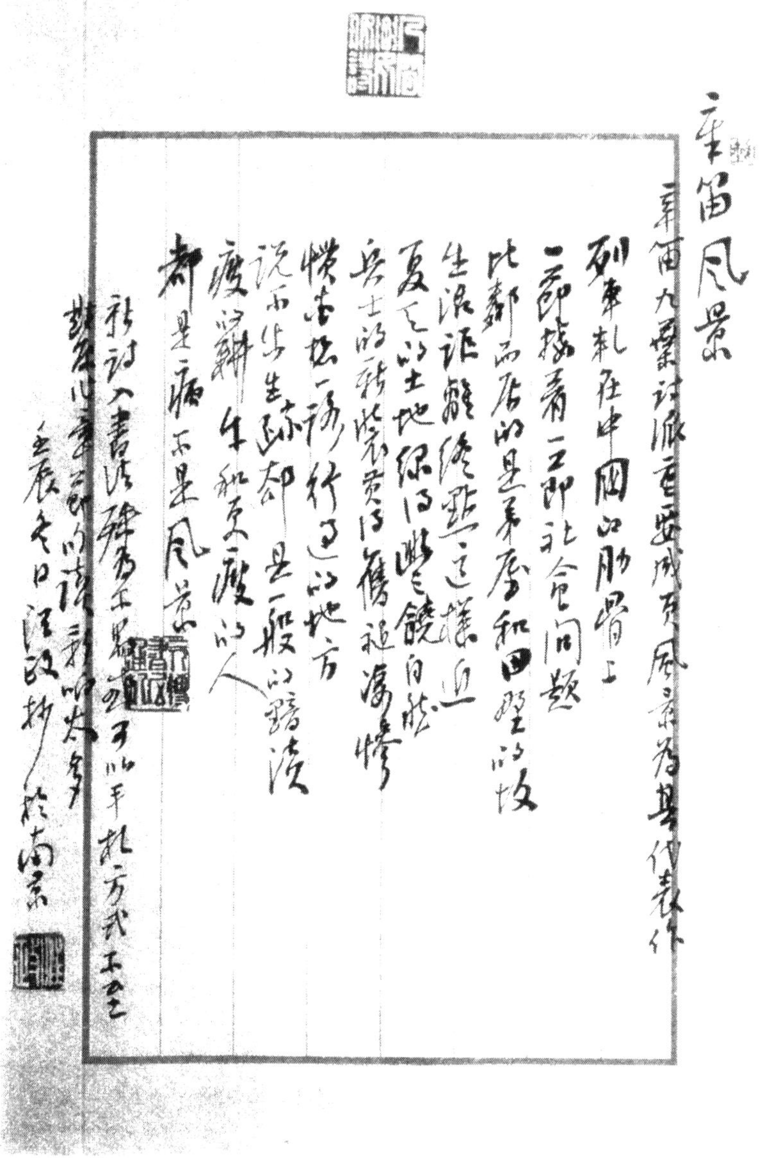

牽留風景

牽留大眾詩派要成為風景為其代表作

列車扎在中國的肋骨上
一節挨着一節的社會問題
比鄰而居的是鼻孔和田壁的故
生涯距離總是這樣近
夏天的土地綠得凶鏡白臉
兵士的我們從前的傳統洗情
憐香惜一路行過的地方
說不出生跡卻是一般的錯讀
瘦窮耕牛和更瘦的人
都是病不是風景

牽留詩入書法殊為不易可以平和方式不易
特別是書家的韻致與詩的意思
壬辰冬日 汪啟抄於南京

辛笛，本名王馨迪，一九一二年生於天津，原籍江蘇淮安。（另詳看第三章）〈風景〉一詩，如其最後一行「都是病，不是風景」，是往昔戰亂、貧窮的中國，是「一節接著一節社會問題」，是民族自信心瓦解的問題，是貧弱引來列強入侵的問題，是國家認同造成的內亂問題，是黨派的路線和利益鬥爭的問題，是人民「生活距離終點這樣近」的問題，是「兵士的新裝黃得舊褪淒慘」的問題，是農民「瘦的耕牛和更瘦的人」的問題……都是問題、問題……中國人啊！我們從滿清中葉以來，近兩百年的貧弱，受盡欺凌，那悲慘的年代終於過去了，中國人的世紀終於快來臨了，中國夢將要實現。可以告慰辛笛、艾青等前輩詩人。

以行數論，傳統詩詞都算是短詩，如劉章〈題飯桶〉很有趣味性，「開口至渾圓，狂吞不是貪。任人提取去，吐盡為黎元。」以二元對立手法，突顯為眾生的無條件付出，說飯桶非「飯桶」，是一個聖者。

小品短詩讀起來比較輕鬆，可泡壺茶、咖啡，清閒地慢慢翻，隨意寫些別人不懂的心得，屋外的人聲狗吠也不會打亂思緒。讀長詩則不然，要一本正經，要專心一意，還是小品短詩好，越短越好，如小姐穿的迷你裙，最能捕捉到瞬間的美感。

註釋

一　楊詩斌，〈一個人憑欄看日落〉，《揚子江》詩刊二〇一三年第二期，總第八十三期（南京：《揚子江》詩刊編輯部，二〇一三年三月五日），頁七九。

二　卞之琳，〈斷章〉，同註一，頁四一前夾頁。

三　朵漁，〈高原上〉，同註一，頁五。

四　韓文戈，〈恍惚〉，同註一，頁二三。

五　張巧慧，〈未命名的花〉，同註一，頁七一。

六　楊詩斌，〈水邊〉，同註一，頁七九。

七　張爾客，〈為了一種遼闊〉，同註一，頁二八。

八　劉虹，聽《青藏高原》，同註一，頁五二。

九　何同彬，〈評〈我愛這土地〉〉，同註一，頁四一—四三。

十　辛笛，〈風景〉，汪政書法，同註一，頁四〇後夾頁。

第十一章　總第86期　關於沙鷗和田間的詩

以為沒有《揚子江》了，又收到一期。先看看新詩十九首有那些上榜的，被推薦的越多次應該就越是經典。至少在我們這個時代裡，已先成為「動態經典」。

王光明推薦的新詩十九首，不少早期大師又回來了：郭沫若〈天狗〉、徐志摩〈再別康橋〉、聞一多〈死水〉、戴望舒〈雨巷〉、艾青〈太陽〉、〈雪落在中國的土地上〉、馮至〈蛇〉、〈我們天天走著一條熟路〉、卞之琳〈斷章〉、何其芳〈預言〉、穆旦〈詩八首〉、鄭敏〈金黃的稻束〉、曾卓〈懸崖邊的樹〉、蔡其矯〈女聲二重唱〉、余光中〈鄉愁〉、洛夫〈邊界望鄉〉、鄭愁予〈錯誤〉、北島〈回答〉、舒

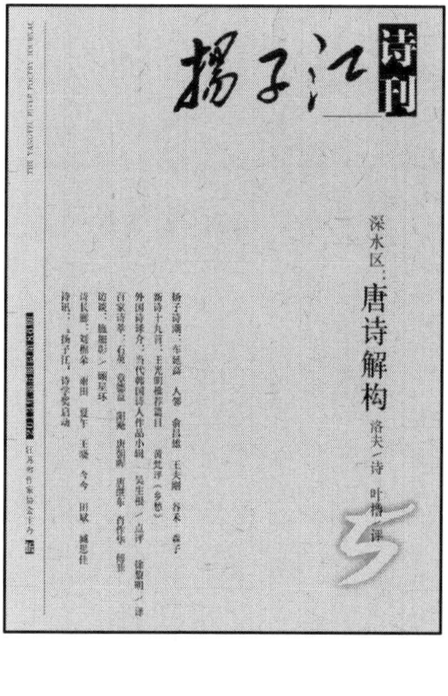

婷〈致橡樹〉、海子〈亞洲銅〉、張棗〈鏡中〉、多多〈阿姆斯特丹的河流〉。以上詩人和作品都超出主辦者的規範仍被「受理」，顯示不可割捨或有其他原因。

早期的大陸詩人，如郭沫若、徐志摩、聞一多、艾青、魯迅等，在台灣詩壇依然是如雷貫耳的詩人。很多詩刊仍會介紹或評價他們的作品，書店也還可以找到他們的專著。

同是早期大陸詩人，沙鷗和田間在當年也是大名頂頂，但台灣詩壇除了很完整的文本，極少人知道這兩位大詩人，到現在兩岸很多訊息依然是不通的，筆者也是偶然發現。正好這期《揚子江》就有這二位前輩大詩人作品，因此本章就從這二位做延伸閱讀，也略述他們的人生故事。

一、關於沙鷗和他的詩

沙鷗生平僅在台灣詩評家高準先生的《中國大陸新詩評析》一書略有簡介。（註一）本名王世達，一九二二年生，四川重慶市人，父親是中醫，沙鷗中學就開始喜歡詩歌，一九四〇年啟用「沙鷗」之名發表詩作。之後入重慶中華大學化學系，業餘時間都用在寫詩。

一九四五年出版詩集《農村的歌》(註二)和《化雪夜》。他在一九四六年夏到上海，擔任《新詩歌》編務，又出版詩集《林桂清》，一九五〇年曾與王亞平合編《大眾詩歌》。繼又先後在《新民報》和《詩刊》工作，一九五五年出版詩集《紅花》，一九五七年再出版《故鄉》和《薔薇集》兩本詩集。

一九五七年「反右」開始之初，他撰文批擊別人，但不久也被攻擊打成右派，下放黑龍江，在大慶油田勞動。一九六二年起調黑龍江省文聯專事寫作，一九六三年出版詩集《初雪》。

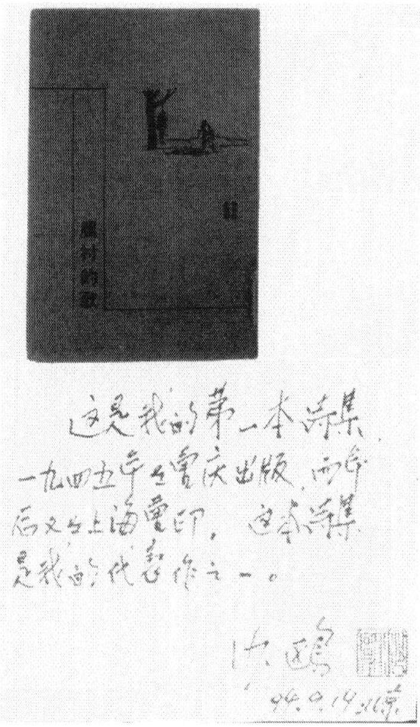

文革時他再度被整，受到長期壓迫，到一九七九年再得「解放」。所著尚有論集《學習新民歌》(一九五九)，高準書未提而《揚子江》列入沙鷗的詩集，尚有《第一聲雷》、《為社會主義而戰》、

《尋人記》等詩集。賞讀〈故鄉〉二首。（註三）

〈雲中〉

雲海像草灘上的羊群，
無邊無際。

五月的風是一把剪刀，
把白雲裁開一道裂縫——

呵！那翡翠的梯田……
那夾在兩條大江中的山城呵！
這是我離別十年的故鄉，
我多想俯身去親吻我的土地。

〈山下〉

再翻過這駝峰一樣的山嶺，

就會看見我童年的家——
那糊著白紙的牛肋窗外，
是不是開了滿樹白雪的李花？

那明鏡般的堰塘邊，
常同我摸魚的孩子會說什麼話？

呵！山嶺下，工地像大熊星座，
長江滾滾流著朝霞！

選自《詩刊》，一九五七年二月號

一首詩兩小子題，詩意有連貫，可視為分兩節讀，兩首都有豐富的畫意和詩意，可謂「詩中有畫、畫中有詩」。高準評之有唐詩風韻，充溢著清純的鄉情。

〈故鄉〉二首作於一九五六年，他自一九四六年離開重慶，再回鄉已相隔十年。這詩很有四十年代的韻味，有濃厚的個人抒情風格。再賞讀《揚子江》的特別介紹，

《尋人記》第二十四首。（註四）

一個朋友死了
又一個朋友死了
訃告，一份一份
黑色的雪崩

你還活著
活得多麼憔悴
我提著菜籃，每天
在鬧市零售自己

一只病貓
投影在粉墻上
慓悍的東北虎

一九九一年十二月廿一日，重慶

朋友一個個死了，還尋誰呢？沙鷗也在一九九四年去逝，寫這首詩時他已快七十歲了，看朋友走了，確是「黑色的雪崩」，「你還活著／活得多麼憔悴」，因為眼看著就要輪到自己「上路」了。怎能不慌？怎能不憔悴？每天提菜籃零售自己，好像日子也不好過。

詩人通常不會這麼消極，只是生活困境中的掙扎，杜甫窮困時窮到在漁市場擺藥攤，也和沙鷗一樣「在鬧市零售自己」。為什麼古今詩人都窮？像一只病貓，投影在墻上則像一只慓悍的東北虎，都是貓科，病貓是現狀，虎是影子，虛幻的。

沙鷗的第一本詩集《農村的歌》，一九四五年十一月由春草社出版，為春草詩叢第三種。收〈收獲期〉、〈保長〉、〈保國民校〉、〈臨時參議員〉等六十首詩。按沙鷗說，一九四四是他寫詩轉折的一年，這年寒暑假他去了農村，用四川農民語言寫農民的苦難生活。這些詩開始用「失名」筆名發表在重慶《新華日報》上，到一九四五年才以「沙鷗」之名，編成《農村的歌》和《化雪夜》兩本最初的詩集。

筆者祖籍四川成都，讓我用一句四川土話，對這位「老老鄉」讚美一句：「格老子，要得！」

二、關於田間和他的詩

田間這首〈假使我們不去打仗〉詩，與龍杰的書法，都引這期《揚子江》詩刊的夾頁。（註五）和他另一首數百行長詩〈給戰鬥者〉，都有強大的激勵作用，對喚起全民抵抗日本鬼子侵略，都產生很大的影響，可謂是中華民族抗倭的無形戰力。

田間（一九一六—一九八五），本名童天鑑。（註六）安徽無為縣開城橋人，一九三三年入讀上海光華大學，一九三四年加入「左聯」，一九三五年與鍾鼎文（番草）同船到倭國留學，同年出版第一本詩集《未明集》，時年十九歲。次年又出版《中國牧歌》和《中國農村的故事》兩本詩集，愈顯其不凡的文學才華。

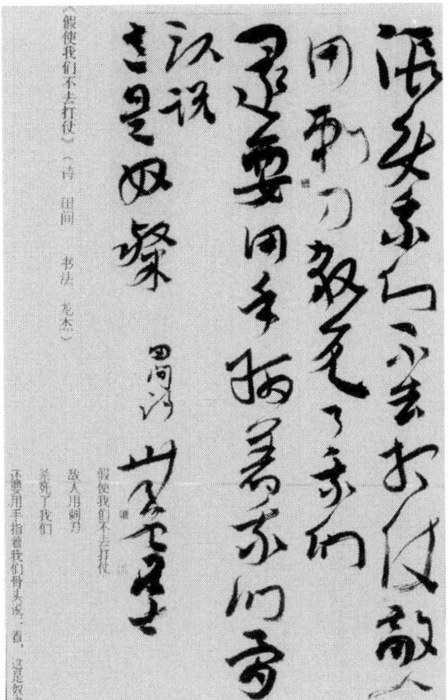
〈假使我们不去打仗〉（诗　田间　书法　龙杰）
假使我们不去打仗
敌人用刺刀
杀死了我们
还要用手指着我们骨头说，看、这是奴隶，

一九三七年抗倭戰爭爆發前回國，在各地參加抗倭救亡運動。此期間，抗倭詩篇〈給戰鬥者〉和到西安寫的〈人民底舞〉，這兩首詩是他一生重要代表作。一九三八年後在延安也寫了不少詩，但實際上已是黨工幹部，而不是一個詩人。

一九四九年後，先後任職一些黨務工作、河北省文聯主席、出席三屆「人大」，一九七八年被選為五屆「人大」代表，一九八五年八月三十日去世。他後來雖出版了十多部詩集，但均無可觀之處，已完全喪失早年的光彩，這是台灣詩評家高準先生的「蓋棺論足」評述。

田間最有代表性，最能穿透歷史的「真詩」是〈給戰鬥者〉。這首詩在喚起中國人民抗倭，鼓舞軍民士氣，在當時確實產生很大影響力，是一股強大的無形戰力。惟此詩長達數百行之多，以下引其部份，〈給戰鬥者〉。（註七）

在沒有燈光
沒有熱氣的晚上，
日本強盜
來了，
從我們底

手裏，
從我們底
懷抱裏，
把無罪的伙伴，
關進強暴的柵欄。
他們身上
裸露著
傷疤，
他們心頭
呼吸著
仇恨，
他們顫抖，
在大連，在滿洲底
野營裏，
讓喝了酒的
吃了肉的，
殘忍的野獸，

用牠底刀，
嬉戲著——
荒蕪的
生命，
饑餓的
血……

1

光榮的名字
——人民！
人民呵，
站在蘆溝橋
迎著狂風，
吹起衝鋒號；
人民呵，
在遼闊的大地之上，
巨人似的

雄偉地站起！

2

是開始偉大戰鬪的
七月，七月呵！
七月，
我們
起來了。
我們
起來了。
睜起悲憤的
眼睛呀。

我們
起來了，
揉擦紅色的腳跟，
與黑色的
手指呀。

我們
起來了，
在血的廣場上，
在血的沙漠上，
在血的水流上，
守望著
中部，和邊疆
……

7

在詩篇上，
戰士底墳場
會比奴隸底國度
要溫暖，
要明亮。

一九三七年十二月二十四日，武昌

這樣的極短句，如火山爆發的激情，直接、明白，敲打你的心，一字字如你心跳，不談美感和音樂性，打破了詩創作的所有規則或技巧。這是吾國抗倭戰鬥詩的名篇，發表時引起很大震撼，得到很高評價，可能是田間一生中，唯一可以傳世的代表作品。聞一多見到這樣的詩品，有如是評論：（註八）

這詩沒有弦外之音，沒有繞樑三日的餘韻，沒有半音，沒有玩任何花頭，只是一句句樸質、乾脆、真誠的話，簡單而堅實的句子，就是一聲聲的鼓點，單調，但是響亮而沉重，打入你耳中，打在你心上。

聞一多這話看似批評，實則是讚美，沒有含蓄，沒有回味，這是打破中外詩人創作詩章的基本法則。但創作本身並沒有古今不變的通則，聞一多接著說下去：

這些都不算成功的詩，但它所成就的那點，卻是詩的先決條件——那便是生活慾，積極絕對的生活慾。它擺脫了一切詩藝的傳統手法，不排解，也不粉飾，不撫慰，也不麻醉，它不是捧著你在幻想中上昇的音樂，這只是一片沉痛的鼓聲，在這大地上。（均見聞一多，〈時代的鼓手〉，《聞一多全集》丁集）

就詩論詩，聞一多的評論道出詩創作的神奇處，他說「這些都不算成功的詩」，是指自古以來所謂「詩」應有的特質，如含蓄、音韻、典雅、美感、意象、意境、境界等。〈給戰鬥者〉詩都不合乎這些要求，所以不算是成功的詩。

「但它所成就的那點，卻是詩的先決條件」，這成就的「那點」是與人共鳴，打動人心，絕對的「生活慾」，完全生活的，與廣大的中國人民群眾的生活，產生了共鳴，打動了千千萬萬的民心。這超越一首詩的成就，是這首詩的成功。

與〈給戰鬥者〉相較，田間另一首四行詩〈假使我們不去打仗〉，也是直接了當、清楚明白，直指民心，簡單又粗獷，剛勁有力的鼓動性。

假使我們不去打仗
敵人用刺刀
殺死了我們
還要用手指著我們骨頭說：看，這是奴隸！

日本第三次侵華戰爭，第三次企圖滅亡中國之戰，我中華民族經十四年抗倭之戰，終於把倭奴盜匪趕出中國領土。然而，倭人至今仍未放棄「滅華」企圖，中國人應該啟動自己的「民族天命」，在本世紀內用一切手段（核武或傳統戰），消滅大和民族，亡倭人之國，收服該列島改為「中國扶桑省」，是筆者一生宣揚之中華民族之天命大業。

註釋

一 高準，《中國大陸新詩評析》（一九一六—一九七九）（台北：文史哲出版社，一九八八年九月），頁三五一—三五四。

二 《農村的歌》封面資料，引《揚子江》詩刊二〇一三年第五期，總第八十六期（南京：《揚子江》詩刊編輯部，二〇一三年九月五日），封面內扉頁。

三 同註一。

四 沙鷗，《尋人記》第二十四首，《揚子江》詩刊總第八十六期，目錄前特別頁。

五 田間，〈假使我們不去打仗〉、龍杰書法，見《揚子江》詩刊總第八十六期，頁四〇—四一間夾頁。

六 關於田間的人生經歷簡說，見註一書，頁二三四—二三五。

七 田間，〈給戰鬥者〉，同註一，頁二三六—二五四。

八 同註一，頁二五五。

第十二章　閱讀馮至和何其芳及其他　總第 87 期

這期新詩十九首，由羅振亞推薦的：徐志摩〈沙揚娜拉〉、戴望舒〈我的記憶〉、卞之琳〈斷章〉、何其芳〈歡樂〉、馮至〈蛇〉、紀弦〈你的名字〉、穆旦〈春〉、余光中〈鄉愁〉、曾卓〈懸崖邊的樹〉、鄭愁予〈錯誤〉、席慕容〈一棵開花的樹〉、顧城〈一代人〉、舒婷〈致橡樹〉、北島〈回答〉、呂貴品〈小木屋搬走了〉、韓東〈你見過大海〉、于堅〈尚義街六號〉、海子〈春天，十個海子〉、伊沙〈餓死詩人〉。

循著各期推薦的新詩十九名家，上章主要賞讀了田間和沙鷗，這章就選讀馮至和何其芳。台灣被推薦的詩人，如余光中、洛夫

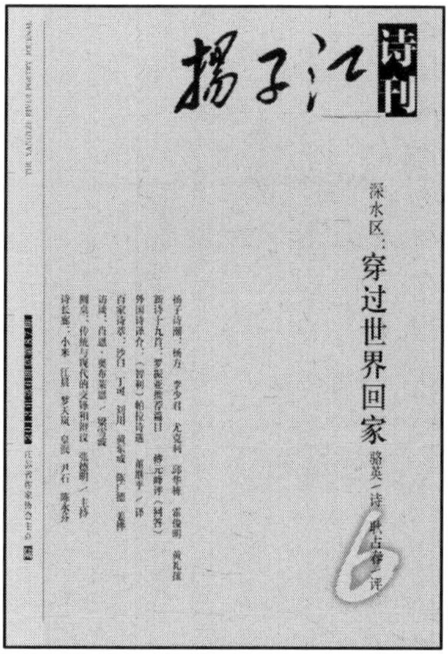

等，以往已有些書寫，不列入賞閱對象。

一、關於馮至和他的詩

馮至，原名馮承植，一九〇五年生，河北涿縣人。（註一）一九二七年北京大學畢業，次年任母校助教。一九三〇年到德國留學五年，攻讀文學和哲學，一九三六年回上海同濟大學任教，一九三九年赴昆明西南聯大任教。抗倭勝利後回北京，任北大西方語言文學系教授，一九五一年起任該系主任。一九六四年起，出任「中國社會科學院外國文學研究所」所長，至少到一九八八年仍任該職，是詩人教授型人物。

馮至在大學時期開始寫作，一九二五年和朋友成立《沉鐘社》，先後出版《沉鐘周刊》和《沉鐘半月刊》。一九二七年出版第一本詩集《昨日之歌》，其中一些當時少見的敘事詩，開始在文壇小有名氣。一九二九年出版詩集《北遊及其他》，之後停筆甚久。

一九四一年在昆明，連續寫了二十七首十四行詩，次年印成《十四行集》，此後又沉寂。到五〇年代，又寫了幾十首，於一九五八年印成《西郊集》，次年，又增刪改訂為《十年詩抄》，隨即停筆。

除了詩作，馮至還有散文集《山水》、《東歐雜記》，中篇小說《伍子胥》、傳記《杜甫傳》、論文集《詩與遺產》。譯有海涅的《哈爾茨山旅行記》、《海涅詩選》、《德國一個冬天的童話》，另有主編《德國文學簡史》。一九八〇年，有《馮至詩選》，共收錄一百零二首詩。賞讀他的代表詩作，〈南方的夜〉。（註二）

我們靜靜地坐在湖濱，
聽燕子給我們講講南方的靜夜。
南方的靜夜已經被它們帶來，
夜的蘆葦蒸發著濃郁的情熱——
我已經感到南方的夜間的陶醉，
請你也嗅一嗅吧這蘆葦叢中的濃味。
你說大熊星總像是寒帶的白熊，
望去使你的全身都覺得淒冷。

這時的燕子輕輕地掠過水面，
零亂了滿湖的星影——
請你看一看吧這湖中的星象，
南方的星夜便是這樣的景象。

你說，你疑心那邊的白果松，
總彷彿樹上的積雪還沒有消融。
這時燕子飛上了一棵棕櫚，
唱出來一種熱烈的歌聲——
請你聽一聽吧燕子的歌唱，
南方的林中便是這樣的景象。

總覺得我們不像是熱帶的人，
我們的胸中總是秋冬般的平靜。
燕子說，南方有一種珍奇的花朵，
經過二十年的寂寞才開一次——

這時我胸中忽覺得有一朵花兒隱藏，
它要在這靜夜裏火一樣地開放！

選自《北遊及其他》，一九二九年

馮至寫詩約可分早中晚期，以到一九二九年為止的早期作品（二十四歲前），最有成績也最好，如這首〈南方的夜〉，可以說是一首情詩，創造出抒情浪漫的空靈境界。魯迅在《中國新文學大學》小說二集的導言評之，是「中國最傑出的抒情詩人」。另何其芳在一九五九年的《詩歌欣賞》，也特別撰文讚揚，在當時的政治氣氛是危險的，也顯見何其芳是有中國文人風骨的詩人。

但台灣詩人也是詩評家高準先生，認為魯迅的稱譽是「情緒性的過譽」。他中期寫的《十四行集》，硬套西方規格移到中文用，作品弄得生硬且無意義，晚期作品完全是一些歌功頌德的「應制」之作。

馮至早期作品算得上「傑出」的抒情詩，就整個二〇年代的新詩來看，如這首〈南方的夜〉，閃著水晶般動人的光彩，充滿幻想和畫意的夜景。他雖不是中國最傑出，也夠得上很傑出的抒情詩人。

二、關於何其芳和他的詩

何其芳（一九一二—一九七七），四川萬縣人。（註三）一九二八年到上海讀高中，次年開始寫詩。一九三一年考入北京大學哲學系，一九三五年畢業。先在天津南開中學任教，因同情學生運動離職，再到山東萊陽中學。一九三六年，與李廣田、卞之琳合出詩集《漢園集》，其中他的部份稱〈燕泥集〉，同年又出散文集《畫夢錄》，得《大公報》散文獎，開始受到文壇重視。

一九三七年抗倭戰興，他回成都任教於成都中學，自費創辦刊物《工作》。一九三八年夏赴延安任教於「魯迅藝術學院」，同年十一月隨賀龍到山西、河北的游擊隊根據地。一九三九年夏再回延安，出任「魯藝」文學系主任。一九四二到一九四七年，曾兩度被派到重慶，任《新華日報》副社長。一九四五年出版詩集《夜歌》，次年又出版詩集《預言》，收錄其早期作品。

一九五一年任「中國作家協會」理事，一九五二年出版詩集《夜歌與白天的歌》，此後未再出詩集。以後政途上算得意，文學創作少有成就，好作品都是早年完成的。

「文革」時他被清算，受到長期打擊和壓制，一九七七年七月病逝北京。

何其芳的著作除前面列舉外，尚有散文集《還鄉雜記》、小說戲劇散文《刻意集》、雜文《星火集》和《星火集續編》、文論《關於現實主義》、《西苑集》、《關於寫詩和讀詩》、《沒有批評就不能前進》、《論紅樓夢》、《詩歌欣賞》和《文學藝術的春天》。身後，有《何其芳選集》三冊問世。賞讀他的早期經典〈預言〉一詩。（註四）

這一個心跳的日子終於來臨！
呵，你夜的嘆息似的漸近的足音，
我聽得清不是林葉和夜風私語，
麋鹿馳過苔徑的細碎的蹄聲！
告訴我，用你銀鈴的歌聲告訴我，
你是不是預言中的年輕的神？
你一定來自溫郁的南方！
告訴我那兒的月色，那兒的日光！
告訴我春風是怎樣吹開百花，

燕子是怎樣癡戀著綠楊！
我將合眼睡在你如夢的歌聲裡，
那溫暖我似乎記得又似乎遺忘。

請停下，停下你長途的奔波，
進來，這兒有虎皮的褥你坐！
讓我燒起每一秋天拾來的落葉，
聽我低低唱起我自己的歌！
那歌聲將火光樣沉鬱又高揚，
火光樣將落葉的一生訴說。

不要前行！前面是無邊的森林！
古老的樹現著野獸身上的斑文，
半生半死的籐蟒蛇樣交纏著，
密葉裏漏不下一顆星。
你將怯怯地不敢放下第二步，
當你聽見了第一步空寥的回聲。

一定要走嗎？請等我和你同行！
我的足知道每條平安的路徑，
我將不停地唱著忘倦的歌，
再給你，再給你手的溫存！
當夜的濃黑遮斷了我們，
你可不轉眼地望著我們的眼睛。

我激動的歌聲你竟不聽，
我的足竟不為我的顫抖暫停！
像靜穆的微風飄過這黃昏裏，
消失了，消失了你驕傲的足音！
呵，你終於如預言中所說的無語而來，
無語而去了嗎，年輕的神？

一九三一年秋

何其芳早期的作品，受到新月派和現代派影響而能取兩者所長。他在北大讀書時，著名美學家朱光潛（字孟實，筆名孟石，安徽桐城縣人，生於一八九七年，一九八六年去逝，為北大、四川、武漢三所大學教授）家中，經常有「讀詩會」，參加者就有何其芳。其他還有朱自清、俞平伯、梁宗岱、馮至、孫大雨、周作人、葉公超、廢名、卞之琳、李健吾、林庚、曹葆華、林徽音等，可謂極一時之盛。他在這樣環境熏陶下，他的詩清麗而精緻，散發一種清新美感，是一種風格上的創新，成為當時新詩中稀有的珍珠。

到一九三七年後，他投身延安「革命」，拋棄他早期的自然風格，「厭棄自己的精緻」，而新的風格無法形成，加以新「教條」的限制，導至他以後的作品大都只成意識觀念的表態。這是台灣詩評家高準的評述，相信會比較客觀些。說來也奇怪，作家擁抱政治，結果必然造成遠離文學，魚和熊掌不可都得。

〈預言〉一詩，是他早期最優美的作品，作於十九歲之年，他後來出版詩集《預言》以詩題為書名，可見他自己也認為得意之作。這是一首情詩，全詩意象華美，詩意情意皆豐富，創造出如夢般的畫境，讀後繞樑多日，回味不絕，不知為何新詩十九首沒有推薦〈預言〉。

三、本期《揚子江》詩刊的驚恐與其他

打開這期《揚子江》詩刊，先就看到一首讀來讓人「驚恐」的詩。當然，讀詩會讓人驚恐，得看你是什麼身份，如果你是驕傲的美國人或發狂的小日本鬼子，讀這首詩是高興和期待的，因為他們就等著中國最好明天就亡國。但像筆者這種「生長在台灣的大中國主義者」，讀這首詩讀得心驚肉跳，張志民的〈中國，用紙糊起來了〉。（註五）

中國——
用紙糊起來了！
糊啊！糊啊！
糊滿天空，糊滿大地
糊滿街巷，糊滿樓台
不管怎麼說，
紙糊的中國

總不如紙糊的老虎
更有氣魄。

麵粉，用車拉！
糨糊，用人抬！
沒飯吃，不怕！
中國人最能緊褲帶！
刷！一張張的刷！
蓋！一層層的蓋！
中國！確實被糊得
結結實實，風雨不透！
需要當心的
只是——
一根火柴……

一九八六年

這首詩雖比喻也讓人一看就懂，震撼！驚恐！（美國人、日本人是高興的）唯一要爭議的，是這首詩寫於一九八六年，詩意所指是當時的中國，還是中國總是這個樣子？如果中國一向如是，一根火柴就能燒滅，何以日本五百年來發動三次「亡華之戰」，尚未能消滅中國？

從明朝開始，西洋人一直在研究中國、了解中國，五百年來仍一頭霧水，搞不懂中國，現在更在害怕中國，無端生出「中國威脅論」。有一派比較聰明的洋人這麼形容中國，說整個中國看起來很柔弱，如太平洋的水，任何人拿一把劍就能如入無人之地，刺進去，但過一段時間劍就銹壞，最後不見了。這一派看到歷史上的真相，所有幾千年來入侵中國的「異族」，最後都成了中華民族，成為中國人。

汪精衛看法更先進，他認為日本侵略中國就讓他們侵略，我們不抵抗，讓倭人來統治中國。大約二百年左右，大和民族就滅亡了，全部溶於中華民族之中，這只是「假設」，不可能實證。倒是筆者一直在宣揚的，中國人廿一世紀的天命，在以核武消滅日本，收服該列島為「中國扶桑省」，是有機會證實的。

就詩論詩，不管是諷刺、批判、警示，都是成功的，因為讓人撼動與驚恐，可以引起深刻的反思。這首詩也可以有很多解讀，「一根火柴」只是象徵代表，國家之安危，有外部敵人，有內部問題，存亡都在「一根火柴」間，西方幾千年來國之存亡亦如是。中國幾千年來每個朝代之亡，必起因於「一根火柴」。初始只是火柴般星火，很快燎原，燒掉了政權，改朝換代了。

這期也有不少詩作探索人生的意義，反思生命的價值。如林小耳〈小耳的墓志銘〉和〈往生者〉，沙克〈守衡〉，孫道雄〈一剪梅・人生〉，這些是直接的，更多詩是間接，都很有啟發性。賞讀〈守衡〉。（註六）

人死了，被火化
剩下幾兩灰
他的一百多斤怎麼變少了？
變成火光燒掉一些
變成煙靄跑掉一些
變成水分蒸發一些

變成熱量散去一些
加起來有多重？

死了就沒有了
哪來的重量
所有的死只留下幾兩灰
一些火光、煙靄、水分、熱量

不用去找魂
死了就沒有了
帶不動那麼沉重的東西

這是一首清楚明白易懂的詩，也有不少啟示性，人生就這麼幾十年，就算活到百歲，扣除幼小老病睡覺，其實健康好用的時間不多。從現象界來看，人死火化剩下幾兩灰，不過是塵土物質，確是死了就沒有了，一了百了！

人類對於生命結束（死亡）後，是否有來世？是否有所謂的「輪迴」，佛法說的

「三世因果」？只有兩種說法。第一種是生命只有一生一世，沒有什麼三世輪迴，這叫做「斷滅論」，人死後一切都沒有了，全都結束了！

第二種就是佛法說的三世輪迴或六道輪迴，根據佛陀悟道時「發現」的宇宙真理「因緣法」而來。萬事萬物都是因緣而生，眾生也是，緣生則聚，緣散則滅，隨「業」流轉，並非死了就沒有了。所以這首詩裡有太多文章了，開十次國際學術研討會仍講不完。

基督教在舊約時代，也承認三世輪迴說。但大約到西元三世紀後，統治者認為三世輪迴會破壞對上帝的信仰，乃從經文中刪除此說，此後西方世界無人知道三世輪迴之說，也無人相信。這也說明了政治的可怕，統治者為控制人民的需要，總是破壞真理！破壞自然法則！欺騙人民！直到二十世紀，科學發達，證明了許多往昔不為人知的事，含佛法許多論述，三世輪迴實際上不過是一種「自然法」，和地心引力一樣，人不說不信，依然是存在且在「運作」中。

註釋

一　關於馮至的人生經歷，詳參高準著，《中國大陸新詩評析》（一九一六—一九七九）（台北：

文史哲出版社，一九八八年九月），頁一四九——一五〇。

二 同註一，一五〇——一五三。

三 關於何其芳人生經歷，見註一，頁一六〇——一六一。

四 同註一，頁一六二——一六四。

五 張志民，〈中國，用紙糊起來了〉，《揚子江》詩刊二〇一三年第六期，總第八十七期（南京：《揚子江》詩刊編輯部，二〇一三年十一月五日），目錄前特別頁。張志民，一九二六年生於河北宛平，一九九八年在北京病逝。出版詩集有《天晴了》、《死不著》、《西行剪影》、《祖國，我對你說》、《夢的自白》。

六 沙克，〈守衡〉，同註五，頁五五。

第十三章　感動佳句　總第 90 期與舒婷的詩

斷斷續續的翻閱了這麼多期《揚子江》詩刊，感覺這是詩刊中很有水準的，很專業的雜誌。雖然我對大陸詩壇所知也極有限，除了偶爾收到《揚子江》，也會收到上海《海上》詩報，如此而已。

每一期《揚子江》都刊出極有水準的作品，老一輩和青壯名家更不在話下。這一章要寫些什麼？或記些什麼？每位詩人辛苦的展示他們的作品，就讓詩人的感動佳句，摘其一二走上我這小小的舞台吧！也可以讓詩「活」久一點，都在本期不加註。

瘂弦的詩〈坤伶〉：「十六歲她的名字便流

落在城裡／一種淒然的旋律」「每個婦人詛咒她在每個城裡」。

哨兵的詩〈不惑〉：「匯入長江，我就覺得自己／站在不朽者中間。我知曉眾樹／與我正當不惑」；〈漁船史〉：「漁，除銹／去污。像一個人在洪湖／把自己拆開／洗骨」。

劉年的詩〈大地組詩〉：「回過頭，那條泥濘的路從黑雲中躥出來／蛇一樣，追趕著我」；**〈隱居〉**：「枯坐，寫字，煮小粒咖啡／一天不下一次樓，一天不說一句話」。

江一郎的詩〈猛虎〉：「人群中我時常撞見猛虎／不可一世，揚著頭睥睨芸芸眾生……暴戾，凶險／讓我不寒而栗」；〈醉〉：「太多的冤屈，與苦水／被他帶淚吐出／堵也堵不住」。

晴朗李寒的詩〈痛苦〉：「除了飢，渴／我們還需要性，愛……惟有新的痛苦／才能緩解／舊的痛苦」；〈初夏小令〉：「我知道，這世間萬物自有秩序／只有人／不時會將它擾亂」。

夜魚的詩〈南京〉：「誰知道呢？竄入河岸的人裡／有沒有我家先祖」；〈鎮江〉：「腿，白得有點刺眼／／金山寺的香火更熏人了」。

娜仁琪琪格的詩〈風骨〉：「人怎可無傲骨　劈下去　混沌轟然倒塌　這開裂／使白更白　黑更黑　陰暗無法躲藏」。

張巧慧的詩〈蛻〉：「有些空殼，必得放下／為自身的生長解除束縛」；〈舊事〉：「山水無非一個掩體／林泉之志也僅是逃避」。

楊光的詩〈天空是倒流的海〉：「天空是倒流的海，星子是落入海底的碎銀／我們埋進海水／發藍」；**〈寫作之夜〉**：「寫作之前，世界是黑暗的……寫作之後，他虛脫．坍塌．死去／書替他活了下來」。

牛漢的詩〈鷹的誕生〉：「鷹群在雲層上面飛翔／當人間沉在昏黑之中／它們那黑亮的翅膀上／鍍著金色的陽光」；〈溫泉〉：「不僅是為了／洗滌汗漬的皮膚／還為了／心胸得到一點溫暖」；〈根〉：「我是根／一生一世在地下／默默地生長／向下，向下……沉甸甸的果實／注滿了我的全部心血」。

薩拉．蒂斯黛爾（美國）**的詩〈愛過之後〉**：「已經沒有了魔力／再見面時，我們跟其他人一樣／你對我不再產生奇跡／我對你也是如此」；〈我不是你的〉：「我不是你的，不會為你而迷失」。

殷夫的詩〈別了，哥哥〉：「別了，哥哥，別了／此後各走前途／再見的機會是在／當我們和你隸屬著的階級交了戰火」。

孫家正的詩〈父親〉：「我出生的時候／你正在烽火的前沿／背負著多難的民族／

艱難地前行」;〈不息的河〉:「從遠古／流到現在／在曲折中／奮然前行／好一條／奔騰不息的長河／一個不屈民族的象徵」。

石英的詩〈她說她胖了〉:「怎麼?還是國際名模／那可太高了;有多高?／……高不可攀」;〈什麼也不知道〉:「與其說是來存款／不如說是來儲存感覺」。

周良沛的詩〈龍門石窟〉:「石崖橫亘千米／青山被它往下直削／腳下伊水,龍門龍脈／／遠眺,千個黑洞／無數神秘的符號／無數穿越時空的窗口」。

張凡修的詩〈浮生〉:「曠漠,空幻／無限的存在,其實,所有無限的存在／都是灰心的。應該還有／持守、定力,這些天地賴以均衡的基礎／隱形於顆粒」。

白牛的詩〈今天〉:「今天沖破昨天的圍剿／躺在地上喘息／把破碎的語言／撒在傷口上／能長出詩句」;〈路〉:「一條小徑／突然／像一只小鹿向我們奔來／俘虜了我們的心」。

庄曉明的詩〈在中年〉:「在中年,我聽著／愈來愈多的樹葉的凋零／它們並不消解於泥土／而是落入一條流水」;〈病中〉:「孤獨把我鎖起來／而把鑰匙篡在它手中／它坐在一隅,靜靜陪著我」。

冷盈袖的詩〈穿過〉:「月亮上來了也不走。這荒涼的人世啊／這麼多年了,我愛著，但從來不說」；〈我可以〉：「我可以微笑，也可以哭泣／可以虛構長長的一生，跪在地上／輕輕呼喚，慢慢述說」。

顏景標的詩〈海浦觀魚〉：「什麼也沒有／這裡，只有正午／邊界，和腥味」；〈灘涂火苗〉：「一大片暗火／將自己擲在非人世／有個字也這樣//你步出你，人類之外／紅草灘靜靜自燃」。

劉軍的詞〈菩薩蠻・夕游喀拉峻〉：「穹廬草密牛羊谷，馬嘶千嶂斜陽暮，山外夕陽紅，天邊聞斷鴻／登高新月掛，四面斑斕畫。雲下笑中來，晚霞身後開」。

劉敦義的詩〈登安慶振風塔〉：「登上塔高層，宜城一望中。北騰龍風氣，南蕩海天風。廣廈摩霄漢，長江臥彩虹。大潮奔萬里，觀浪數英雄。」

杜守京的詩〈秋興 1〉：「金陵景物足堪游，無限風光直入秋。玄武荷花增靚麗，棲霞紅葉遍山頭。」

學文的詩〈西漢歌〉：「大風起兮雲飛揚，高祖提劍討秦皇；百敗一勝滅項楚，五旬布衣成帝王。」

王少鵬的詩〈自警〉：「差之毫厘謬以千，奪魂刀筆關乎天。執法嚴明須謹記，職雖卑微責如山。」

宋成興的詩〈冬吟騁懷〉：「庭園散步獨閒人，少了憂愁又健身。萬事丟開客我在，浮名淺利化煙塵。」

吳福潤的詩〈夏夜登高納涼〉：「心舒酒醉不知愁，夜半更深登塔樓。寫首歪詩天上掛，誤將月亮當金鈎。」

葉鋆的詩〈新雷〉：「敲窗夜雨伴新雷，破曉晴風暖色回。鳴鳥柳青蛙鼓噪，插秧農事正當隨。」

雷默的詩〈寂〉：「你問我為什麼寫詩／就像僧問佛在哪裡／／魚尾爬上你的眼角／憂傷落入我的心頭。」

雪瀟的詩〈臘梅花〉：「雪落下來，天上的銀子遁香而來／破碎的金子和破碎的銀子／在一棵冬天的臘梅樹上／抱頭痛哭」。

瓦刀的詩〈融合或對抗〉：「我並不擔心體內的濕氣過重／歸於塵土之前，這是我與／愈來愈冷的太陽，愈發鋒利的山尖兒／保持對抗的力量之源，看」。

蔣興剛的詩〈凋零〉：「我清楚，人該／認命／心在顫抖／像厭世──／每棵樹上／最後一片葉子終將落下」。

許軍的詩〈荒原〉：「漫漫大風　茫茫歲月　造就這塊眾生敬畏之地／萬年如斯。

一片沉寂」。

桑子的詩〈收拾河山〉：「一生都在絕望中快樂／親愛的／讓我再度泛濫　淹沒你」；〈**別害怕**〉：「我欣賞她的美貌／但我害怕她的智慧」。

ㄚㄚ的詩〈變奏：靜物〉：「那麼多無名之物／在空間中湧動／推動著生活的辯證論」；〈**譫**〉：「這粒用力過猛的種子／探入世界的虛無／招致地表的開裂」。

謝曉婷的詩〈我要說的不是這些……〉：「它的草場還在，蹄印還在／……獵獵北風中，它含淚／反急著已逝的生命」；〈中年男子〉：「他酗酒，與自己作對／在身體裡種下顛倒的晨香」。

阿翔的詩〈明月詩〉：「我知道，用一首詩表現新的美學，才能確定距離的意義」；〈**清晨詩**〉：「彷彿這首詩由另一個人而寫，而我在旁邊始終沉默」。

孫方杰的詩〈無花果〉：「不結蕊，不開花／就這麼一天比一天／大了起來，像一個人的願望／他不說出，也一樣地生長／一樣地綿綿不休」；〈從早晨到夜晚〉：「很難相信，星辰還會如時到來／月亮也成了久違的過客」。

向天笑的詩〈一個人的秋天〉：「父親一個人蜷縮在地嘴山／他的周圍，寸草未生……聽飛鳥鳴叫／看雲朵飄浮」；〈還有兩天月亮就圓了〉：「可我們家的月亮，再無法圓滿……總盼著有一天，你的圖像／會跳出來，與我講話」。

沈華的詩〈結伴同行〉：「夢裡開親人大會／我說，切勿膽大包天／善待你的零件和家人吧／結伴才能遠行」；〈釣魚〉：「他一生沒釣起過一條大魚／有分量的，不是脫鈎／就是水草，不過他／真的酷愛釣的事業」。

蔡寧的詩〈世凹桃源〉：「桃花粉紅地遁入牛首山／茸茸的果，掛滿世凹桃源」；〈問尋桃花澗〉：「問：那把桃花扇花落誰家／梵香裊繞，一條紅木魚游入了桃花湖」。

一朵的詩〈采香徑〉：「你說過，要帶我一起走小徑／如當年吳王西施／入山采香。時間不用太長……趕在進香之前，抵達／你的灰燼」。

黃曙輝的詩〈空曠〉：「黑暗是最好的隱身術。茫然，在歷史重重疊疊的補丁裡」；**〈約定〉**：「三天打魚，兩天曬網的詩文／捕捉不到靈光四射的意象」。

王琪的詩〈愛上〉：「我看到落日／就看到自己的最後去向／但我仍然愛著，死去活來」；**〈辭請〉**：「假如故鄉無法再回／我必須以懷念的方式／博取草木繁榮，一世浮華」。

左右的詩〈祈求〉：「封我神醫之名，醫好父親／常年勞累的頑疾。祈求……我所有飽受苦難的親人／能在晴空下像神一樣壯麗地活著／祈求，祈求我所有寫過的詩句／在我睡著之後，都變成真的！」

后金山的詩〈麥嚨〉：「都市裡沒有麥嚨／沒有靈魂的草帽／失去了本真和原始形態……祈盼有一種回歸／把汗水灑在那片土地／生長的愛情更加飽滿」。

曾若水的詩〈割麥〉：「沿著《詩經》的小徑／割過來／割出一堆／動人的諺語民謠／割出一片／人間煙火……生命的河流裡／就永遠流淌著／麥粒金子般的光輝」。

詩人生出一首詩，就像女人生出一個孩子，必有感動之處。前面把這期詩刊發表的所有詩人作品，各摘少許感動詩句，每一首詩都是叫人心生愛意的孩子，而有些更飽涵偉大的精神情操，可以感動更多人，如孫家正這首〈不息的河〉。（註一）

用音樂訴說
以節奏傳情
將一個民族的歷史
化作腳步聲聲
緩如叮咚的泉水

急似驟雨雷鳴
沉重時
也有嘆息和哀婉
但從來不曾
絕望和頹唐

千百年繁衍生息
一次次頑強抗爭
盡管
被命運拋灑天涯
這兒
依然是
夢繞的家園

從遠古
流到現在

在曲折中
奮然前行
好一條
奔騰不息的長河
一個不屈民族的象徵

一首讓人產生「啟蒙」的詩，以千百年來洶湧不息的長江黃河意象，象徵中華民族千百年生存發展的歷程。這塊「神州」大地，是中國人生生世世安身立命的基地，子子孫孫「夢繞的家園」。在過去的歷史上，雖有外敵入侵（如日本鬼子總有亡華迷夢），我們就像奔騰的長江黃河，永遠奮然前行，永不屈服於異族的偉大民族。未來若有任何邪惡勢力要染指吾國事，中國人應先下手滅了對方，中國人事由中國人自己處理。

這期張德明推薦的新詩十九名家，絕大多數還是老一輩名家，其中舒婷也經常上榜。不知道什麼原因？新詩誕生這一百年裡，女性新詩人始終很少，名家更是稀有。是不是女人都在家「相夫教子」煮飯洗衣，沒有時間寫詩？因此，本章順就來閱讀舒婷。

與筆者同年的舒婷，本名龔佩瑜，一九五二年生於廈門，福建泉州（晉江）人。（註二）她是大陸在七九年起「崛起的詩群」中，最受矚目的女詩人。

一九五七年時，因父親被打成右派，送往山區勞改，不久母親改嫁離去，舒婷由姨媽收養。一九六六年文革開始，她正讀初中，次年畢業，無學可升。一九六九年，她被分配到閩西上杭的一個山村插隊落戶。

在農村三年，經歷多個山村，目睹中國農村的貧窮落後。一九七一年開始練習寫作，次年底回城裡做臨時工，當過爐前工和泥水匠，一九七五年到織布廠當學徒，做過染紗工和擋車工，這段時間她開始努力寫詩。一九七七年調到燈泡廠作工人，此時仍無人知道她。

一九七九年四月，嚴辰主編的《詩刊》刊出她〈致橡樹〉一詩，立刻「一詩而紅」。同年，《詩刊》再發表她的〈這也是一切〉和〈祖國啦我親的祖國〉等詩，均受到高度評價，後者於一九八一年獲得「一九七九——一九八〇全國中青年詩人優秀新詩」得獎作品。八一年起，她又獲調到福建文聯工作，一九八二年出版詩集《雙桅船》，同年又有《舒婷．顧城詩選》出版。賞讀〈這也是一切〉，答一位青年朋友的〈一切〉。（註三）

不是一切大樹
　都被暴風折斷；
不是一切種子
　都找不到生根的土壤；
不是一切真情
　都流失在人心的沙漠裡；
不是一切夢想
　都甘願被摘掉翅膀。
不，不是一切
　都像你說的那樣；
不是一切火焰
　都只燃燒自己
　而不把別人照亮；
不是一切星星

　　都僅指示黑暗
　而不報告曙光；
不是一切歌聲
　都掠過耳朵
　　而不留在心上。

不，不是一切
都像你說的那樣；
不是一切呼籲都沒有回響；
不是一切損失都無法補償，
不是一切深淵都是滅亡；
不是一切滅亡都覆蓋在弱者頭上；
不是一切心靈
　都可以踩在腳下，爛在泥裡；
不是一切後果

都是眼淚血印，而不展現歡容。
一切的現在的都孕育著未來，
未來的一切都生長於它的無天。
希望，而且為它鬪爭，
請把這一切放在你的肩上。

（一九七七、五、二五），選自《詩刊》，一九七九年七月號

舒婷寫這首詩的背景動機，是她讀了北島的〈一切〉一詩，之後所寫的回應。因此，先賞閱這首北島在一九七七年初所作的〈一切〉。（註四）

一切都是命運
一切都是煙雲
一切都是沒有結局的開始
一切都是稍縱即逝的追尋

一切歡樂都沒有微笑
一切苦難都沒有淚痕
一切語言都是重覆
一切交往都是初逢
一切愛情都在心裏
一切往事都在夢中
一切希望都帶著注釋
一切信仰都帶著呻吟
一切爆發都有片刻的寧靜
一切死亡都有冗長的回聲

舒婷是一個天成的詩人型，除了她小學時讀很多課外讀物，初中畢業就未進更高學校（無資料顯示），所從事都是底層工人階級的工作。可能因為這樣「接地氣」的關係，加上她天生的才華、慈悲心性和努力，一「出道」就廣受大陸讀者喜愛，她的作品總是散發一種母性柔情，給讀的人溫暖和精神鼓舞。

〈這也是一切〉，雖然本是寫給「朋友」，但讀來就像一個母親給受傷孩子的安慰，給他鼓舞、愛意和感動，儘管母親也遭受苦難，她卻先撫慰她的孩子，讓他在人生路上奮勇前進。一種溫柔的母性光輝浸潤全詩。

這首回應北島的詩，看似在反駁北島，讀完卻令人感到深切的慰安。北島的〈一切〉和他的〈回答〉，二首詩的氣氛都是悲慨和激憤，舒婷這首則悲情中充溢溫柔，淚光中寄托著敦厚，在苦難中高舉希望之火光，這正是人性中最高貴的情操，故其詩情詩意皆感動人心！

台灣詩評家高準先生，對與舒婷同時登場的女詩人，傅天琳、李小雨、王小妮、才樹蓮、馬麗華，都在前後幾年內紛紛在大陸詩壇發熱，成為一顆顆詩壇閃亮的星星，就是最讚揚舒婷了。

註　釋

一　孫家正，〈不息的河〉，《揚子江》詩刊二〇一四年第三期，總第九十期（南京：《揚子江》詩刊編輯部，二〇一四年五月五日），頁四五。

二 關於舒婷的人生歷程，詳閱：高準，《中國大陸新詩評析》（一九一六—一九七九）（台北：文史哲出版社，一九八八年九月），頁六一九—六二〇。

三 舒婷，〈這也是一切〉，同註二，頁六二〇—六二五。

四 北島，〈一切〉，同註二，頁六二四。

第十四章　總第91期　中國夢　也是我的夢

打開這期《揚子江》，「中國夢」是最重要專輯，因此本章就以這個主題的作品，寫些心得感想。其實，數十年來我心中就有一個中國夢，不光是我，台灣還有很多堅定自己是「中國人」的人，心中也有中國夢。我們的這個中國夢的內涵是：統一、富強、和平、合乎中國文化的民主制度和國際尊嚴。這是往昔我在文章裡，談過很多，也寫過很多的內容，這些屬於「硬」內容。

現在是詩人從詩歌形式來表達中國夢，應該就叫「軟」內涵吧！這期「中國夢．我心中的夢」，共有四十一位作者，幾十首都讀

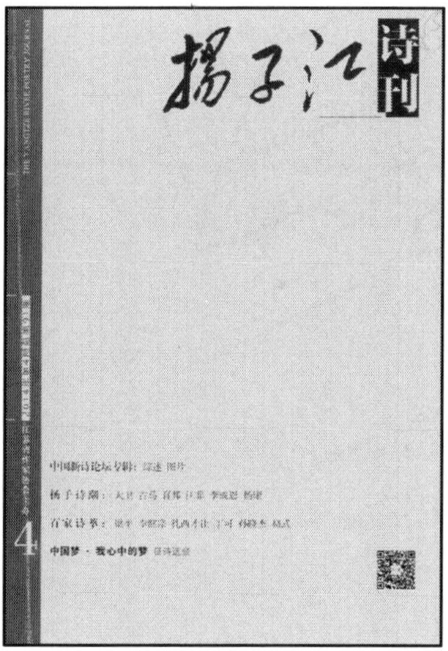

了，只能引列少許。

丁可〈致鄉親牛郎〉：「你好　牛郎　老輩人說你是徐州老鄉……聽說你和織女仍然只能一年一見？／為什麼要強權悔過　竟如此艱難……今晚的鵲橋上啊」。牛郎織女的分離是中國的衰弱造成的嗎？詩是在影射，國家民族衰弱引來列強入侵，造成很多妻離子散慘劇。中國人要努力實踐中國夢，追求統一和富強。

劉家魁〈春天：哺育圖〉：「母親坐在開滿野花的草地上／解開衣襟，捧出乳房／把乳頭餵進嬰兒的小嘴裡……太陽是一只更大的乳房／低垂在萬物之上」。好一幅春天哺育圖，象徵和平、美麗、希望，這如夢的美景，中國人從鴨片戰爭後，追求了將近二百年了！啊！中國人，團結、奮鬥，就快實現了。

姜樺〈梨花開〉：「果園裡的梨花都開了，一樹樹花朵／追逐，打鬧，這多像我們遠去的童年／一群孩子，活潑，快樂……」。這是一幅「小康圖」，社會安定繁榮，人民生活富足，人才有心情和能力遊玩賞花。

張作梗〈一個人的村庄〉：「我的村庄沒有教堂、寺、廟和佛龕／然而有神出沒……美德在低處流淌……我的村庄被美規範和統轄，僅服從美的戒律／只聽從美的吩咐和差遣」。這裡一切存在的都是美的，非美不存在，這裡是柏拉圖「理想國」嗎？

李成恩〈夢的瓷器〉：「如果你曾有夢，你應該來我詩裡看瓷器／我的瓷器，擺在書架上，與四書五經在一起……朗讀第一頁：中國夢／口唇張開，如同孔子留下的教誨……」。以「中國」和「瓷器」的英文字相同，做想像連接，中國夢的美如瓷器之美，「如果你曾有夢，那何不來看瓷器」。

沙克〈我的中國夢〉：「不止炎黃，不止堯舜禹／不止周秦漢唐，不止五千年／生命、自由、美和愛……延續我作為一個人民的，中國夢」。只有民族復興，國家富強，生命、自由、美和愛，我們才能真正擁有！

黑馬〈祖國的江南之歌〉：「這是蘇醒了的江南／同里的水，西塘明月，烏鎮漁火，夢裡周庄／西湖斷橋，婺源秋色，宏村桃花源……啊江南，那碧波蕩漾的祖國……」。美景江山，在滿清末年也是存在的，民國早年也是，但那時中國人沈睡不醒，不見美景，只覺是地獄，人民生活不如狗，何來美景？現在江南蘇醒了！中國人醒了，我們才感覺神州江山多嬌美！

方政〈夢裡桃花源〉：「在桃花報訊之前／其實和風已告知春的消息……桃花源也許遠在世外／心不誠便難尋路徑／桃花源其實靠世人間掘／源頭在心美景離我們很近」。桃花源是中國人不同於其他民族的夢境，但追夢要靠能力，中國人現在敢追夢了！

小米〈好到最好〉：「滿天繁星，遍地草民／彼此遙望著，呼應著／想要親近，混沌如夢//朦朧已經有了，萬物都在自由地／成長、呼吸——這是最好的了」。假如有外敵入侵在我們的國土，任意屠殺我們同胞，人民要自由地成長、呼吸，也是很困難的。

包苞〈我的夢．中國夢〉：「有一個夢，我們做了五千年／欣喜過、失望過、迷茫過／但從來沒有放棄過……有一個夢，我們共同在做／它不是白日夢／睜開眼，我們看到的／都是正在靠近夢想成真的喜悅」。現在不僅中國人一步步在實踐中國夢，國際上很多人（洋人）很慌張，他們漸漸看到「美國夢」日愈碎滅，整個地球快速向中國傾斜，超越了中國夢，而是全球「中國化」。

卞雲飛〈旌忠寺的月〉：「我甚至，更想與當年借宿於此的岳飛／再飲幾盅……誰叫你生在揚州／誰叫你將一個醉漢／痴痴／引向唐宋」。（原詩作者註：旌忠寺，位於揚州市汶河路文昌閣附近，在旌忠巷東端北側，東臨仁豐里，相傳梁昭明太子蕭統文選樓舊址。）寺和月，在中國詩歌裡，是「中國意象」的象徵，亦象徵一種文化自信和認同，滿清之衰就是源於文化自信的瓦解。

陳宗華〈秦淮燈會〉：「秦淮河上／萬盞水燈流放／繁星拱月／今夜最大的一株芙蓉……中華門、明城牆、白鷺洲／十里秦淮、大成殿、東牌樓……傲梅出畫入紙／翹首燃放通明的夜／奇幻的輝光舞動／古城的新姿展開扎燈的工夫」。中國幾千年深厚的歷史文化，任何城鎮都是幾千年的「古城」，有無數盛大的文化活動，只有國家富強，社會繁榮，才能讓文化活動盛大有內涵，也是民族自信心的提昇。

姜華〈春天夢想正在發芽〉：「一個民族復興的夢　還在匆匆趕路／有七彩羽毛織就的藍圖……現在我這樣敘述　在春天／瓦藍的天空下　十三億人民／跳起歡樂的舞蹈　與夢想同行／用各自的方言和手勢／說出幸福　陽光和雨水／說出　我願意……對我的祖國說出祝福」。一個經過百餘年衰弱和苦難的民族，正在快速復興並繁榮，十幾億人民都可以感受到幸福的到來，中國也是多民族和語言的國家，只有文字是勉強統一的。但若中國在政治上不統一（指台獨、疆獨、藏獨、港獨），則是「國家認同」未完成，也是中國夢未達成。所以，未來五十年，吾國的「國家認同」依然是極大挑戰。

李新勇〈過年、回家〉：「過年回家！這是／窖藏在靈魂深處的期望／我的農民兄弟馬拉松運動員那樣／一年一圈／從老家出發又回到老家／從不計較／這期間有多少喘息，多少迷惘」。地球上在同一時限內最大量的人口運動，就是中國人過春節的「春運」，至少有十多億人次的運動量，這是一種「龐大的意象」，象徵社會安定和強大的活力。

孫清祖〈**我的夢**〉：我的夢是個人的夢，但中國夢正是地球上十四億多中國人，個別夢想成真的總和。實現你的夢吧！看看孫清祖的夢：

我的夢
是在北面的空地上再蓋三間新房
把兒子的婚事辦了
把老伴的牙鑲好
抽空再上一趟新疆
把去年結剩的工錢要上
順便在打聽一個地方
今年我把大部分精力
都投入在種植養殖上
三十畝的草和二十只羊
天天讓我腰酸腿困
夜夜使我好夢成真

如果「八國聯軍」常在我們土地上開打！如果我們一再割地賠款！如果日俄又在東北打架！如果倭人軍隊已經佔領我們國都……我們就是夜夜惡夢成真！

楊華之〈夜游丁蜀鎮〉：「西子浣紗的星星，想把丁蜀鎮的蘇缸還是／酒壇、砂鍋，裝進記憶／我看到了紫砂文化的積淀的美／不喧嘩，不浮躁，仿佛／陶祖范蠡流傳的遺韵……以至於／當我離開時，我已不是，來時的我」。關於范蠡，歷史上有很多傳說，有真實，也有虛構。可詳看拙著：《大將軍范蠡：商聖財神陶朱公傳奇》一書。（註一）

韓墨〈天水昆山庄周夢〉：五千年歷史文化中，有說不完的夢境，這些華美情境在每一代的中國人心中，美或不美！知或不知！就看那一代人所處的國家處境，強弱富貧。現在，中國人夢醒了，又有夢：

《水經注》月光下琴弦
剛柔相濟的昆山，璀璨如長江頸項上珍珠
……
用顧炎武遙遠而又綿柔的目光
牽動每一條河、每一座橋、每一個渡口

良渚文化裡星子熠熠生輝
是誰放飛雙手，在水面揮毫
中國夢的華美篇章——

請容許天水昆山問候祖國母親
以江南海納百川水的精神
和夢在中國的雄渾氣魄
在水鄉天堂朵育時代的榮光和憧憬

這首韓墨的長詩，用了很多鮮明的「中國特有意象」如水經注、長江、江南、顧炎武、良渚、秦磚漢瓦、天水昆山……這有「喚醒」作用。中國夢就是建築在自己歷史文化的土壤基地中，沒有了歷史文化，也不會有中國夢，但有很多中國人仍是不懂的！

徐澤〈一塊磚〉：「一塊四方方的磚／現在被我踩在腳下／我不知秦朝還是漢代／斑駁的時光在上面走遠//昨日我站在長城上……我就是長城上的一塊磚／登高望遠我愛高處的風景／也愛腳下的微塵」。人民愛自己的民族，愛自己的歷史文化，是民族復興、國家強盛的第一基礎條件。才不過近百年前，那時中國人否定了自己，搞「全盤西化」，成了西方列強殖民地，乃至次殖民地，永遠不能忘記惡夢，警惕中國夢的必須實現！

曉川〈中國夢：一個春天的童話〉：「中國夢，仿佛就是那天空深處的光芒／照耀著遠行者必經的路口……因為你，我將永不撤走思想的重量／一個偉大的夢想，已成為我們相識的理由」。中國夢的提出是一個偉大的構想，將成為全球中國人「相識的理由」，且將逐漸瓦解分裂主義者，醞釀中國人的團結意識和國家認同。

許軍〈老家的門窗該修修了〉：「今年春節，我想早些回鄉／因為老家幾間小屋的木質門窗，已經年久失修……我相信，任何破損的生活／只要修理得當，總會完好如初……將大小風雨都拒之門外」。這首詩很有強大張力，看似修屋，比喻以前我們受到太多破壞，給人民帶來苦難，如文革、打倒孔家店等，這些「破損」現在積極修補，不僅要完好如初，並且「在此後的每一天裡煥然一新」。

孫子兵〈鄉音〉、〈在江南的秋天懷戀一把家鄉的貴州鐮刀〉：「一粒鄉愁的種子，被母親／播種在貴州老家低矮的屋檐……」、「現在是秋天／穀子和苞穀成熟的季節／母親一直在叨念／一個人在貴州老家的父親……離開一把貴州老家的鐮刀以後／我學會在課本上收穫另外一種人生」。他的兩首詩，比余光中〈鄉愁〉還更鄉愁，有鄉愁是飲水思源的人，就算中國夢做的比宇宙大，他不會忘記他的「根」。

季川〈活著〉：「好多硝煙已走遠，好多故事還活著／／是的，我也活著，美好地活著／活著，就是對這個世界最好的回答」。活著！看似容易，確也時有艱難，抗倭戰爭那十多年裡，中國人活的多麼艱困，硝煙已遠嗎？我們不能有了中國夢，就忘了過去的惡夢！

路志寬〈我的夢‧一直綿延〉：「我的夢想森林，要一直綿延／讓一只奔跑的豹子一直跑到盡頭……在我的夢裡，鰥寡孤獨皆有所養／路不拾遺夜不閉戶，人心與心之間再也沒有柵欄」。這是堯、舜、禹、周公、孔子、孫中山、蔣介石、毛澤東到習近平的夢吧！所有中國人也做著這樣的夢。

巴曼〈夢裡祖國都是情〉：區分春、夏、秋、冬四首短詩，以四季意象表現對祖國的情意，感情豐富，詩句鮮美。如〈夏〉一詩。

我們的夢境
環繞在夏夜一片片光影中
那天空流淌著的淺藍色的汁液
沿著我的窗櫺
緩緩地傾瀉而下

此時，我就站在夢之外等你
祖國
我要用耳朵
聆聽你那均勻的呼吸

愛國是所有道德中的最高情操，詩人體現了他的修為和愛。如〈秋〉詩「我要將秋天的紅蘋果輕輕打碎／祖國啊，我一半給你／一半永遠留在我心裡」。假如，中國人個個有此情操，便是實現中國夢的保證。

祖德陶〈回望一九三七——我的中國夢〉：筆者在很多文章都寫到，中國一天天崛起、富強，但中國人不能忘記過去的苦難歷史，尤其不能忘記「南京大屠殺」，若忘了，必歷史重演一次「再屠殺」。對於兩岸年輕人很多媚日夯日行為，說實在的，我很反感無奈。如祖德陶這首長詩，和我很有共鳴，中國美夢不可忘了曾經的惡夢。抄錄這首詩的部份，與更多中國人相互警惕。（註二）

冬天
一九三七年的冬天
是刺骨的風追趕難民的冬天

追趕我逃難的娘
追趕我從未見過面的二哥
……

……這是我的家史
我是這滲血家族的繼承者
我繼承了二哥墳頭呼嘯的冷風
也繼承了烈焰中爺爺的悲慘
我繼承了家恨
也繼承了國難

我的祖國！
當你無法按住
吳淞口湧出的熱血和屈辱
無法掩埋
南京城遍地血腥的月光，無法
讓一顆顆砍落的頭顱
重新吶喊

我的祖國！
當敵人
搶走了孩子唇邊的兒歌
搶走了姊姊妹妹無價的尊嚴，搶走了
你頭頂的太陽和星光
當我的民族
到了最危險的時候
我看見黃河的波濤咆哮著站立起來
穿過青紗帳，用大刀和鋼槍
去和敵人殊死較量

我的祖國！
我的二哥和火焰中的爺爺在望著你
南京大屠殺紀念牆上
那三十萬黑眼睛在凝望著你
我這死難者的後裔
雙手高捧楊靖宇將軍的血袄

我用丁汝昌和鄧世昌沙啞的嗓音
告訴你我的夢想——
你無法退卻
你要強大強大再強大
微笑的強大
才是中華民族的光芒

對於所謂大和民族（大不和），所謂日本（倭人），筆者著書立說只叫牠們倭人倭國，且筆者從多年前開始宣揚「消滅日本」，收服該列島設「中國扶桑省」，這之間有很清楚的背景原因，可詳看我專書《日本問題的終極處理》一書。（註三）大和這個民族之所以必須消滅，無關人權和筆者是否慈悲！只和他們自己的「因果」有關。日本這個邪惡民族在廿一世紀內可謂「必亡」，亡於兩種「方式」，一者超級大地震使其各島沉沒深海中，二者他們又發動戰爭而亡於中國。或中國於適當時機，先下手滅之，此後永保亞洲和平，亞洲各族侵略性最強是倭族，必令其盡早滅亡！

在倭族未全部滅亡前，中國啊！如祖德陶的詩句，「**你無法退卻／你要強大強大再強大／微笑的強大／才是中華民族的光芒**」。若你不強大，或不夠強大，歷史必將重演，再一次「**無法掩埋／南京城遍地血腥的月光，無法／讓一顆顆砍落的頭顱……**」不止南京城的亡魂，數百年來日本對外發動戰爭，約製造了二億亡魂，用目前倭國人口還血債，正好！合乎公平正義原則，也正是因果律的必然；若不是，這宇宙真理「因果律」，豈不是廢物！

龔正〈春之聲〉：「走在路上的春天／讓中國，穿上了節日的盛裝／走在路上的春天／讓我們，感受著祖國的成長／一片臂膀的森林，在掌聲中／傲然挺立，有一份莊嚴的感動／新綠一般，在百姓的心中　茁壯」。看來，中國夢已經讓神州大地上，廣大的人民群眾，不僅僅「有感」，而是喚醒、引領所有中國人，共同奮鬥，中國夢已在快速的一步步實現！

梁彬，〈南鄉子．觀《亮劍》有感〉：「沽酒潤琴簫，白日高歌頌此朝。放眼河山無限好，逍遙。惟見人間正氣昭」。我深知，中國內部尚有不少問題，還有不少制度要改善，還有不少窮人要翻身，要成為現代化國家還有遠路要走，詩人眼中一片大好是有三成「詩語言」的。

楊海波〈沁園春．層樓更上咏**新篇〉**：「頌錦囊獻策，層樓更上；小康有約，快馬加鞭。盛舉凝心，廉風聚力，屹峙潮頭重任肩。龍昂首，望大江南北，夢咏新篇。」

按習近平同志「中國夢」的進度，達到「全面小康」是有遠路要走的，因為現在大陸仍有幾億窮人。至少全民奮進，小康有約。

朱春和〈沁園春．迎青奧〉：「聖火如熾，青春沸騰……今日健兒，試比天高。民富國強，四海來潮，六朝古都迎青奧。中國夢，喜人才輩出，國盡舜堯」。大家都知道，「西方沒落」議題在學術界已討論了快一百年了，而「美國沒落」也是近十多年發燒的議題；相對的論述，則是中國的崛起，地球上夠格當「大哥」的沒幾個，就大家輪流當吧！

丁欣〈爲中國夢而歌〉：「噫吁嘻，君有夢，其為中國乎？斯夢也，凝結十四萬萬華夏人之希望，寧不中國乎？盤古開天地，特立見中國……紅日冉冉多承載，光榮夢想何慷慨。狐鼠齊遁跡，污泥盡蕩滌。鵬兮鵬兮開雙翼，慨而慷者看中國！」我的文章常提到，唐堯虞舜夏商周，秦漢三國兩晉南北朝，隋唐五代宋元明清……一個個全都死了！走了！唯有中國，永恆不亡！有誰見過中國「亡過」？中國人主導的世紀又來了！自然法則如是。

陳斯高〈心之夢〉：「夢是心花次第開，昂昂生命慕崔嵬。情懷時盼三春雨，家國長鳴十月雷。海樣人心慈宅厚，秤般世事至公回。老夫俯仰思凝重，一拍窗欄酒盡杯。」

這位老陳心花次第開，過著隨興詩酒生活，這是個人的夢，所有個人的夢組成國家大夢。但若國家衰弱，列強入侵，個人就只有惡夢了！

潘新寧〈江南春夢〉：「桃花朗朗日清平，垂柳纖纖掛綠纓。梅竹千山雲盡落，水天萬里鷺單鳴。人間草木層層翠，心底年華歲歲青。暗問今生何所願，江南播夢到天明。」這和杜牧〈江南春〉同一夢，能夠播夢到天亮，表示都做美夢，國家富強才有美夢！

周少泉〈滿江紅．共圓中國夢〉：「飛越關山，神馳遠，風煙未歇。精魂翥、棹歌長吼，大河奮烈。萬里潮追淪海日，千秋花耀平湖月。永念茲、強國夢能圓，聲聲切。」看來，追求中國夢，已成中國人的全民運動，中國人醒了！只剩少數台灣人不醒，不醒的永遠不醒，不影響中國的強國之夢。

顧文顯〈山村新事〉：「山居不復搶農時，夜半看球晨睡遲。長壠肥田栽毯草，小瓶碎屑育靈芝。村姑熱捧西門子，壯漢痴迷伊妹兒。最喜鄰城來短信，投資又遇好商機。」同樣都是這片國土，一樣的山水，為何有的朝代貧弱？有的朝代富強？無關土地，和人民信念有關，中國人比猶太人更會賺錢，現在醒了！有信念，可以買下整個地球，中國人，幹下去！

丁運時〈江蘇今昔感懷〉：「人間代謝隨流水，揚子江頭夢幾回。遙看風光生態秀，感懷歷史曲詞飛。凝眉隱隱昔人笑，顧首紛紛時代催。玉璧獨懷何寂寞？江蘇今日綻春雷！」江蘇繁榮了！江蘇發了！現代化建設有了傲人的成果，這只是全中國的縮影。

今日中國各省各市各地區，何處今日不綻春雷！只有一個台灣省被一群獨派魔鬼竊佔，一日日沉淪。就持續窮台、困台、絕台吧！以利統一。中國夢盡早實現，對台灣人是有大利多的，至少不要成為美日的文化殖民地。

統一，共享五千年歷史文化，共有遼闊國土，共得國際尊嚴，台灣人沒有悲情，反有驕傲感，抬頭挺胸走遍全世界，無敢輕視者，你是大哥大爺！中國夢，是我的夢！

註釋

一　陳福成，《大將軍范蠡研究：商聖財神陶朱公傳奇》（台北：文史哲出版社，二〇一六年六月）。

二　祖德陶，〈回望一九三七——我的中國夢〉，《揚子江》詩刊二〇一四年第四期，總第九十一期（南京：《揚子江》詩刊編輯部，二〇一四年七月五日），頁九二—九三。

三　陳福成，《日本問題的終極處理：廿一世紀中國人的天命與扶桑省建設要綱》（台北：文史哲出版社，二〇一三年七月）。

陳福成著作全編總目

壹、兩岸關係

決戰閏八月
防衛大台灣
解開兩岸十大弔詭
大陸政策與兩岸關係

貳、國家安全

國家安全與情治機關的弔詭
國家安全與戰略關係
國家安全論壇。

參、中國學四部曲

中國歷代戰爭新詮
中國近代黨派發展研究新詮
中國政治思想新詮
中國四大兵法家新詮：孫子、吳起、孫臏、孔明

肆、歷史、人類、文化、宗教、會黨

神劍與屠刀
中國神譜
天帝教的中華文化意涵
奴婢妾匪到革命家之路：復興廣播電台謝雪紅訪講錄
洪門、青幫與哥老會研究

伍、詩〈現代詩、傳統詩〉、文學

幻夢花開一江山
赤縣行腳・神州心旅
「外公」與「外婆」的詩
尋找一座山
春秋記實
性情世界
春秋詩選
八方風雲性情世界
古晟的誕生
把腳印典藏在雲端
從魯迅文學醫人魂救國魂說起
六十後詩雜記詩集

陸、現代詩（詩人、詩社）研究

三月詩會研究
我們的春秋大業：三月詩會二十年別集
中國當代平民詩人王學忠
讀詩稗記
嚴謹與浪漫之間
一信詩學研究：解剖一隻九頭詩鵠
囚徒
胡爾泰現代詩臆說
王學忠籲天詩錄

柒、春秋典型人物研究、遊記

山西芮城劉焦智「鳳梅人」報研究
在「鳳梅人」小橋上
我所知道的孫大公

2015 年 9 月後新著

編號	書　　　名	出版社	出版時間	定價	字數（萬）	內容性質
81	一隻菜鳥的學佛初認識	文史哲	2015.09	460	12	學佛心得
82	海青青的天空	文史哲	2015.09	250	6	現代詩評
83	為播詩種與莊雲惠詩作初探	文史哲	2015.11	280	5	童詩、現代詩評
84	世界洪門歷史文化協會論壇	文史哲	2016.01	280	6	洪門活動紀錄
85	三黨搞統一──解剖共產黨、國民黨、民進黨怎樣搞統一	文史哲	2016.03	420	13	政治、統一
86	緣來艱辛非尋常──賞讀范揚松仿古體詩稿	文史哲	2016.04	400	9	詩、文學
87	大兵法家范蠡研究－商聖財神陶朱公傳奇	文史哲	2016.06	280	8	范蠡研究
88	典藏斷滅的文明：最後一代書寫身影的告別紀念	文史哲	2016.08	450	8	各種手稿
89	葉莎現代詩研究欣賞：靈山一朵花的美感	文史哲	2016.08	220	6	現代詩評
90	臺灣大學退休人員聯誼會第十屆理事長實記暨 2015～2016 重要事件簿	文史哲	2017.04	400	8	日記
91	我與當代中國大學圖書館的因緣	文史哲	2017.04	300	5	紀念狀
92	廣西旅遊參訪紀行（編著）	文史哲	2017.10	300	6	詩、遊記
93	中國鄉土詩人金土作品研究	文史哲	2017.12	420	11	文學研究
94	鄭雅文現代詩的佛法衍繹	文史哲	出版中		6	文學研究
95	莫渝現代詩賞析	文史哲	出版中		7	文學研究
96	現代田園詩人許其正作品研析	文史哲	出版中		12	文學研究
97	林錫嘉現代詩賞析	文史哲	出版中		10	文學研究
98	曾美霞現代詩研析	文史哲	出版中		7	文學研究
99	劉正偉現代詩賞析：情詩王子的愛戀世界	文史哲	出版中		9	文學研究
100	陳寧貴現代詩研究：全才詩人的詩情遊蹤	文史哲	出版中		9	文學研究
101	陳福成作品述評（編著）	文史哲	出版中		9	文學研究

陳福成國防通識課程著編及其他作品

（各級學校教科書及其他）

編號	書　　名	出版社	教育部審定
1	國家安全概論（大學院校用）	幼　獅	民國 86 年
2	國家安全概述（高中職、專科用）	幼　獅	民國 86 年
3	國家安全概論（台灣大學專用書）	台　大	（臺大不送審）
4	軍事研究（大專院校用）	全　華	民國 95 年
5	國防通識（第一冊、高中學生用）	龍　騰	民國 94 年課程要綱
6	國防通識（第二冊、高中學生用）	龍　騰	同
7	國防通識（第三冊、高中學生用）	龍　騰	同
8	國防通識（第四冊、高中學生用）	龍　騰	同
9	國防通識（第一冊、教師專用）	龍　騰	同
10	國防通識（第二冊、教師專用）	龍　騰	同
11	國防通識（第三冊、教師專用）	龍　騰	同
12	國防通識（第四冊、教師專用）	龍　騰	同
13	臺灣大學退休人員聯誼會會務通訊	文史哲	
14	把腳印典藏在雲端：三月詩會詩人手稿詩	文史哲	
15	留住末代書寫的身影：三月詩會詩人往來書簡殘存集	文史哲	
16	三世因緣：書畫芳香幾世情	文史哲	

註：以上除編號 4，餘均非賣品，編號 4 至 12 均合著。

編號 13 定價一千元。